U0097790

金星出版
命理生活新智慧・叢書
VENUS PUBLISHING CO.

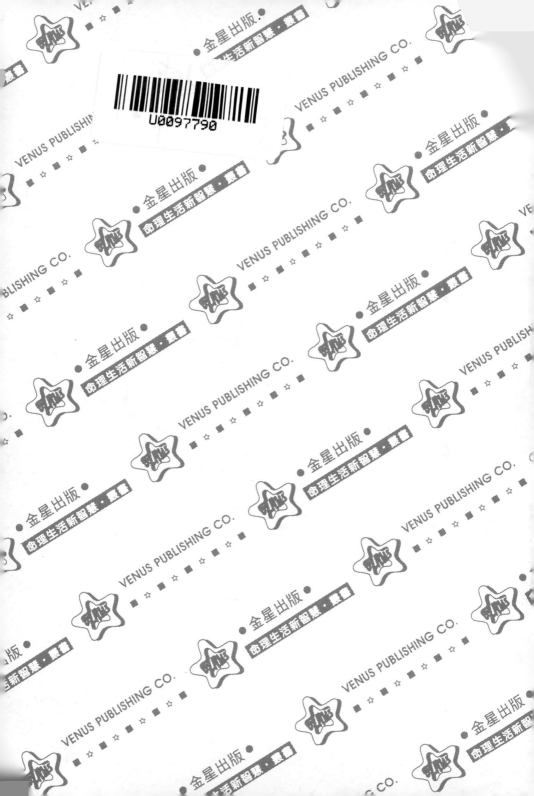

VENUS PUBLISHING CO.
金星出版
命理生活新智慧·叢書

命理生活新智慧・叢書 132

你的『成就』有多高

法雲居士 著

金星出版社：http://www.venusco555.com
E-mail: venusco555@163.com
法雲居士網址：http://www.fayin777.com
E-mail:fatevenus@yahoo.com.tw

金星出版

國家圖書館出版品預行編目資料

你的『成就』有多高／法雲居士著，--臺北市：金星出版：紅螞蟻總經銷，2022年 [民111年] 第1版　面；　公分—(命理生活新智慧叢書·132)

ISBN：978-986-6441-82-0（平裝）

1.紫微斗數　2.占星術

293.11　111006046

的你的『成就』有多高

作　　者：法雲居士著
發 行 人：袁光明
社　　長：袁靜石
編　　輯：尤雅珍
出版經理：王璟琪
出 版 者：金星出版社
社　　址：台北市南京東路三段201號3樓
電　　話：886-2-23626655
傳　　真：886-2-23652425
郵政劃撥：18912942金星出版社帳戶
總 經 銷：紅螞蟻圖書有限公司
地　　址：台北市內湖區舊宗路二段121巷19號
電　　話：(02)27953656(代表號)
網　　址：www.venusco555.com
E-mail：venusco555@163. com
fatevenus@yahoo.com.tw
法雲居士
網　　址：http://www.fayin777.com
E-mail：fatevenus@yahoo.com.tw

版　　次：2022年 9 月第1版
登 記 證：行政院新聞局局版北市業字第653號
法律顧問：郭啟疆律師
定　　價： 420 元

(本書遇有缺頁、破損倒裝請寄回更換)
版權所有・翻印必究

ISBN：978-986-6441-82-0（平裝）

＊本著作物經著作人授權發行，包括繁體字、簡體字。
凡本著作物任何圖片、文字及其他內容，均不得擅自重製、仿製或以其他方法加以侵害，否則一經查獲，必定追究到底，絕不寬貸。

（因掛號郵資漲價，凡郵購五冊以上，九折優惠。本社負擔掛號寄書郵資。單冊及二、三、四冊郵購，恕無折扣，敬請諒察

你的『成就』有多高？

序

這本《你的『成就』有多高？》，是我在疫情期間想到為大家做的一件功德事。很多人自己來算命，或帶小孩來算命時，都想知道自己和小孩的未來成就如何？因為這本來就是『算命』的功能之一。算命師也理當為你評估、預估一下為來成就的狀況。但是很多命理師都是為了討好客戶，或根本沒在鑽研這部分的學問，就一個勁的誇客戶本領高強，誇小孩會為父母帶財。一味的模糊這部分的問題。最後你還是模稜兩可的回去了。等下一次再找另一位算命師問此問題，也可能還是模稜兩可的答案。

有些人買了或看了幾本書，便覺得能為人指點迷津了。也有人自己替自己預估的前程美景太燦爛，一直無法達到願望，以致灰心喪氣。到底自己能達到什麼樣程度的成就呢？其實，光要估算，這就是一門大學問了。

你的『成就』有多高？

所謂的『人生成就』，就是談『人生成果』的部分。既是『人生成果』的部分，大約也是要五、六十歲時才能展現的成果。但有些人年輕時便已成名得利，這是大運在十幾、二十歲便已發了所形成的。像運動員或童星便是此類。因為年輕時走過最大的好運，中年及老年的運氣則未必佳。

『人生成就』本來就分為『主貴』和『主富』兩部分。現在人多半喜歡『主富』，愛錢多。但我覺得：好像這也不是你自己所能決定的事。因為你無法讓你的父母在某時生下你。你也無法選擇父母。所以在漫天時間的河流中，你一旦成孕出生，便天下砥定。『八字』是時間標的，同時也是富貴規模的格局。每個人的八字不一樣，自然富貴規格與格局狀態也不一樣。還有你的父母不一樣，這也會形成在相同八字下父母不一樣的不同命運。

『你的成就有多高？』從我們命理師的角度來看：七、八成是看八字及命運，二、三成是靠自身的努力。還有早點努力也可改變命運。願與大家共勉之。

法雲居士謹識

你的『成就』有多高？

目錄

法雲居士

- 論命
- 紫微斗數教學
- 八字教學
- 課堂及線上教學

地址：台北市南京東路 3 段
201 號 3 樓
電話：886-2-23626655
886-910-526507

第一章　你的成就有多高？

談到『人生成就』，大家都想知道自己的人生最高點在什麼地位階段？很多人一來算命就試探性的問：『老師！我的命格大概是中等命格吧？』我當然知道他到底想問什麼？想知道自己的人生高潮在什麼位置？會有多貴？會有多富？

如果從來都沒有想過這些問題的人，就只有傻子和亡命之徒了。傻子智商不足，當然不用想也不會想。亡命之徒將伏法入獄，也不用想了。

在今天這個世界上、或社會裡，絕大多數的人都喜歡『主富』。認為有錢之後自然會有地位就『主貴』了。當然，這樣的人不是沒有。例如前中信金控董事長辜濂松，建立中信集團事業版圖，為一代銀行家。多次代表台灣出席ＡＰＥＣ（亞太經合會）企業領袖會議，並成為總統府資政，及擔任無任所大使等職。但這樣的人材還是不多的。

現今世界上看人的標準中，大概只有『主富』和『主貴』兩種了。

你的『成就』有多高？

什麼叫做『主富』呢？

大家都知道，那就是『錢多』！錢多到何種程度才能被稱為『主富』？大家就未必能說出個數目出來了。以現今的標準來說，至少要幾億新台幣才行稱為『主富』。而且這些錢財必須長期持有至少30或40年以上的時間才能被稱為『主富』。有些人有暴發運，發了二、三年又打回原形，那只是鏡花水月一場空而已。是無法稱為『主富』的。

什麼叫做『主貴』呢？

『主貴』就是其人所做的事業，能有助於一方人的生命和生活的功能的，稱之。像有人在學術上有發展，有人在醫療上有發明研究，有的人揚名海內外，有的人官聲很好受百姓愛戴，有的人發明或改善對人類生活有助益的物品。有的人向宇宙探索，拓展外太空的視野。也有人教育養育子女成材，再為社會提出貢獻。以前古時候對考到高等功名、或對國家有功績的人，會加封其父母，就是這個道理。

百折千迴的人生所造就的人生成就

以前總聽老人說：三歲看到大。現在想想，這話也對！也不對！

從算命師的角度來說，三歲是走人的第一個大運，也就命宮的大運。三歲要好，也就是命宮的主星要好。自然本命及運氣得走向也會比常人要好得多。三歲時過得不好的，會脾氣暴躁，忸怩、不乖、不好教養。當然第一個從命宮起的大運就不好。但是他們可能是幼年運弱，中年會爆發，又能返敗為勝了！

某些幼年運弱的人，會遇到父母離異，家庭破碎等問題，而幼小的人生像浮萍般的漂泊。這樣當然更增加了其生存的困難性。不過在命理上就會有『藤蘿繫甲』格或『移花接木』格來講這樣人生際遇又重獲新生命的人，最後一樣能達到他最高的人生境界。

一般『人生成就』斷定的方法

一般人將『人生成就』斷定的方法有幾種：

一、是社會上名聲之聲量高的。例如：現在火熱的網路聲量，及熱搜聲量。
二、是職位的高低。
三、是財富的多寡。
四、戰爭與競爭的勝利。
五、是公義的熱心。
六、是得獎的數目。
七、是知識的淵博。

但是，網路聲亮和熱搜排行榜，有些人常常無法維持到三天，就嘎然而止。所以這也不叫『出名』的名聲了。現在社會紛亂，某些鍵盤族在網路搞聲量，其實大家也看得出誰真誰假，這也不是真正的名聲。另外，好事才叫好的聲名。壞事的名聲就不是『出名』，希望大家能分清楚。

第二章　紫微命格所顯示的『人生成就』

一般都認為所有人的人生成就會顯示在命盤上的官祿宮。事實上，紫微命理的官祿宮所顯示的內容十分複雜。而且必須靠多個宮位的相助，才能闡述一、二。

紫微命理中的官祿宮是和夫妻宮是一組的宮位。夫妻宮雖代表配偶的長相及身家等資料，同時也代表你內心深處的『最想望』。這些『最想望』包括了你內心深處的企盼、貪念、最高價值觀、終其一世的渴求。當然所謂的『人生成就』也會在你的內心深處出現過最終極、最高的天階之位。

其次官祿宮則是你行為實現的『人生成就』的實際規格。

夫妻宮與官祿宮所代表的『人生成就』

紫微

當夫妻宮是『紫微』，官祿宮是『貪狼』時

表示你內心想做王，想當最高職稱的人。你會拚命上進，也會奉承拍馬以達到晉升的目地。你在工作事業上有無限貪心，你是破軍坐命寅、申宮的人，但是功虧一簣的是你自己，你會因自己打拼奮鬥力不足而功虧一簣。你會有安定的生活，『人生成就』卻不頂高。

你是破軍坐命寅、申宮的人。

當夫妻宮是『紫微、天府』，官祿宮是『七殺』時

表示你內心想做大富豪，想當天下第一豪門貴富。因此你在工作與事業上很會打拼，殺伐果斷，從不手軟。你是貪狼坐命辰、戌宮的人。你天生好命，出生就生長在富裕之家，因此所見過的富貴更是很多。你想要的『人生成就』已不是常人所見的吃穿而已的富貴了，而是世界頂級的富豪富貴。不過，能達到幾成？還要看你本命中的造化及刑剋多少而定。

你是貪狼坐命辰、戌宮的人。

當夫妻宮是『紫微、天相』，官祿宮是『破軍』時

表示你內心想做宰相高官(行政院長)，想當國家部門第一等公務員。你會拼命工作打拼，把所有的事都料理解決好。你會有很多好幫手，也有賢內助。你會不斷創業，開拓江山，開拓好後就交給幫手及賢內助幫忙管理。你只做打拼江山的大將軍。因此你的江山複雜又龐大，不過愈是如此，你的『人生成就』就愈大。

你是七殺坐命子、午宮的人。

當夫妻宮是『紫微、貪狼』，官祿宮是空宮時

表示你內心想做貪赧的狼王，想當因妻而貴，或因夫而貴的人。你是天相坐命巳、亥宮的人。你天生是來為人擦屁股的。所以你打得如意算盤多半不成功。

有時候你會遇到花心大蘿蔔，有時候你會被好吃懶做的配偶騙。你的環境終不富裕。你必須靠自己的努力會有衣食安穩的日子。

你是天相坐命巳、亥宮的人。

當夫妻宮是『紫微、破軍』，官祿宮是『天相』時

表示你內心想做除舊佈新、掃除妖孽的大將軍，想當除惡後清理戰場的事務官。天生你的環境多戰事，會為錢財打仗。所以你會掃除貪官污吏，把錢財收入掌中。你最大的『人生成就』就是使家人和國人過好日子。你有時會相信長相氣派、但不按牌理出牌的人，這就是你會遭騙和人生落難的開始了，是故一切要小心！

你是天府坐命卯、酉宮的人。

當夫妻宮是『紫微、七殺』，官祿宮是『天府』時

表示你內心想做殺伐果斷的大將軍，你會判斷，有利可圖的時候你才出手。平常你懶得動。你天生運氣好，環境中財多、好運也多。還有暴發運。你的工作與事業多半與錢財有關，因此你的『人生成就』是跟財富有關的事務。

你是空宮坐命丑、未宮，對宮有『武曲、貪狼』相照的人。

天機

當夫妻宮是『天機』，官祿宮是『巨門』時

表示你內心自以為是絕頂聰明的，想做各種各樣的事。什麼樣的事你都想插一腳。你也能應府各種變化場面。你喜歡變化詭異、奇譎的事物。你也特別的會討喜逢迎，又會交遊廣闊，口才甚佳。如果命格高的人，會做高級幕僚，或清要之職，專看運氣的高低而有職位的升遷。

你是空宮坐命寅、申宮，有同梁相照的人。

當夫妻宮是『天機』，官祿宮是『太陰』時

表示你內心自以為是絕頂聰明的，也會應付各種變化，同時你也喜歡你認為聰明的人。但你喜歡朝九晚五的上班族生活。如果你愛唸書，有『陽梁昌祿格』，你則會和達官貴戚沾親帶故了。能有裙帶關係入列朝班。若無貴格，你只是平頭百姓，每日為生活奔忙的人。

你是空宮坐命丑、未宮，對宮有『同巨』相照的人。

當夫妻宮是『天機』，官祿宮是『天梁』時

表示你內心自以為是絕頂聰明的，但聰明只做糊塗事。你也會有能力差的配偶。你總是等著有人來救你、給你幫忙。你對生活的要求不多，只想過安穩的生活。你會做薪水族，默默地靠自己努力爬上高位。但你天生在事業上有貴人幫助，也能出名。

你是太陰坐命卯、酉宮的人。

當夫妻宮是『天機、巨門』，官祿宮是空宮時

表示你內心自以為是聰明的，你的配偶會是高知識水準的人。你也好學不倦，但你所喜歡學的東西並非與一般世俗的觀念相通。如果有貴格的人，能教書或有文名。如果有陀羅或其他刑星，只是小市民的命格。因為缺乏貴人，學術成就不算高。

你是天梁居陷坐命巳、亥宮的人。

當夫妻宮是『天機、太陰』，官祿宮是空宮時

表示你內心心思很活，情緒起伏很大，時陰時陽。而且自以為是聰明的。你的配偶也性格難侍候。對人忽冷忽熱。其實你不怕麻煩，口舌是非多。你也會見風使舵，見機行事。你最大的願望就是做四處奔波的工作。或是做旅遊業最佳。有貴格的人，能做學術工作。無貴格的人，只能賺衣食之祿。

你是巨門陷落居辰、戌宮的人。

當夫妻宮是『天機、天梁』，官祿宮是空宮時

表示你內心自以為是聰明的，你喜歡為人做軍師，為人出主意。你的配偶比你年紀大，你會得配偶的蔭庇。你的官祿宮也是空宮，這表示你的工作運不強，運氣好時，有人會介紹工作給你。有貴格的人，能作清貴文人。無貴格的人無有成就。

你是空宮坐命，對宮有同陰相照的人。

太陽

當夫妻宮是『太陽』，官祿宮是『巨門』時

表示你內心很敞亮、寬厚、大剌剌的。你的配偶也會是心地寬廣之人。而你的工作會是複雜、須要一些特殊及專門知識才能作的事。如果有貴格，你會成為特殊專業人才。甚至會得世界大獎，名揚國際。無貴格者只能是有專門職業糊口的人。

你是天機居陷坐命丑、未宮的人。

當夫妻宮是『太陽』，官祿宮是『天梁』時

表示你內心寬宏，樂善好施。平常不計較。對人講公平。如果有貴格，名聲和事業能達到中等的高點。你適合做公務員及上班族。會做與外務或運輸有關的工作。到處奔波不已。會有貴人介紹工作給你，也會有貴人在工作上挺你。因此你較少換工作了。無貴格的人，一生奔波而已。

你是機陰坐命寅、申宮的人。

當夫妻宮是『太陽』，官祿宮是『太陰』時

表示你內心開朗，寬大，雖想得多，口才好，但有一定的聰明，不想惹大麻煩的人。你會做公務員、薪水族、銀行體系，過朝九晚五的日子。最好錢多、事少、離家近。如果有貴格的人，會在學術機構教書。沒有貴格的人，是平常上班族。你有好的父母可依靠，一生衣食不愁。

你是天機坐命子、午宮的人。

當夫妻宮是『太陽、巨門』，官祿宮是空宮時

表示你內心開朗、好鬥嘴。更喜歡與你打情罵俏的人。你的配偶也是個聒噪、話多、又無心機的人。你的配偶比你年紀大。你常自以為是絕頂聰明的。如果有折射的貴格的人，能有高學歷，也能有中等成就。沒有貴格的人，辛苦過日子。

你是機梁坐命辰、戌宮的人。

當夫妻宮是『太陽、天梁』，官祿宮是空宮時

表示你內心開朗寬宏，樂善好施。你的配偶比你年紀大。配偶也會是名聲很大的人。雖然你自以為聰明，但配偶的能力較強。你會依靠配偶生活。有貴格的人，能有高學歷與中等以上的成就。無貴格的人，靠配偶生活。

你是天機坐命巳、亥宮的人。

當夫妻宮是『太陽、太陰』，官祿宮是空宮時

表示你內心絕頂聰明，但陰晴不定，喜歡懷疑人。凡事一會兒一個想法。容易不定性。所以你的人生目標也一直在變。如果有貴格的人，會有高學歷，或接近上流社會，人生的際遇也會不一樣，會有大成就。若沒有貴格的人，一生浮沉，沒有準確的目標，磋跎過日子。

你是機巨坐命卯、酉宮的人。

武曲

當夫妻宮是『武曲』，官祿宮是『貪狼』時

表示你內心較剛硬，性格較耿直。你會注重錢財，以錢財為第一優先。同時你的配偶也會是個性格剛直，不好說話，對錢財吝嗇的愛財之人。你在事業上有好運。夫、官二宮又形成『武貪格』之暴發格。因此在事業上會一飛衝天。不過有貴格的人，會事業版圖較大，發展及開拓較勤。會有大成就。沒有貴格的人，會做一般商人或軍人。人生起落很大而已。

你是破軍坐命子、午宮的人。

當夫妻宮是『武曲、貪狼』，官祿宮是空宮時

表示你內心一心想找一個強勢有財運的配偶。你的環境惡劣，破爛，你急須要錢。會因你的運氣變化多端而起起伏伏。你的工作運只看薪資多寡。做公務員較穩定，但職位不高。

你是天相陷落坐命卯、酉宮的人。

當夫妻宮是『武曲、七殺』，官祿宮是『天府』時

表示你是內心剛直、吝嗇的人。你的配偶也是如此，也是命裡財不多的人。你的環境不佳，人緣很差，你會憑著自己的努力，強力打拼來賺取工作之財。有暴發格的人能有稍大一點的富貴。

你是空宮坐命巳、亥宮，對宮有廉貪相照的人。

當夫妻宮是『武曲、破軍』，官祿宮是『天相』時

表示你是內心剛直、吝嗇的人。自以為是聰明、心窮的人。你的財帛宮是空宮，福德宮是紫貪。表示財運空茫，但卻想享受最好的，自然會入不敷出。所幸還有穩定的工作，可有固定的收入。你內心能殺伐決斷，做軍警業最適合。能做中等左右的官職。

你是天府坐命丑、未宮的人。

當夫妻宮是『武曲、天相』，官祿宮是『破軍』時

表示你內心是總想舒適享福的過日子。但是你的工作是必須辛苦打拼才能有成績的。同時你也是個一板一眼還算認真的人，你的環境中就是『廉府』，那是靠交際應酬來完成打拼努力的。你可能只是個小商人成就。

你是七殺坐命辰、戌宮的人。

當夫妻宮是『武曲、天府』，官祿宮是『七殺』時

表示你內心只想著要賺更多的錢財。同時你也會找個會賺錢的配偶。你常自以為聰明的，不過你的工作運是必須自己打拼努力來賺錢。你打著商人堅吝的小算盤，只想享受物質生活，真正的打拼卻不夠，花費又很大，有貴格的人，職位能爬得高一些，其他多半是普通人命格。

你是貪狼坐命寅、申宮的人。

天同

當夫妻宮是『天同』，官祿宮是『天梁』時

表示你內心聰明，思想簡單的人，你會像小孩子一樣希望別人會哄你、照顧你。你很嬌貴，完全沒有事業心。反而喜歡談戀愛，情緒起伏很大，或致力找一個會侍候你的人。但你總是自以為找到了，卻婚後配偶態度大變。最後也形成不美麗的人生。

你是『太陽、太陰』坐命丑、未宮的人。

當夫妻宮是『天同』，官祿宮是『太陰』時

表示你是內心聰明、想法多、口才好的人。你的情緒算是平和的，只是你容易找到年紀比你小，或是性格較幼稚的人做配偶。你會做固定的薪水族，有穩定的生活。命格中有貴格的人，會地位高、成就高。無貴格的人也會領薪順利過日子。

你是太陽坐命巳、亥宮的人。

當夫妻宮是『天同』，官祿宮是『巨門』時

表示你內心聰明、想法多、口才好的人。情緒很平和，你容易找到年紀比你小，或是性格較幼稚的人做配偶。你本身也會很天真。但會研究某些較古怪或較有爭議的學問。你也適合以口才來平息制服周遭的紛爭。所以你做任何的服務人員最好了。你會很有耐心地解釋。如果有貴格的人，事業的層次會很高，也會名揚四海。無貴格的人，只是一般普通人。

你是太陽坐命子、午宮的人。

你的『成就』有多高?

當夫妻宮是『天同、天梁』，官祿宮是空宮時

表示你內心聰明、想法多，喜歡到處聊天。也喜歡處處戀愛留情。你會靠口才賺錢。某些人會因桃花太多而影響人生成就。會早婚或早退休。命格中有貴格的，可有高學歷，能做與口才有關的工作。或法律協調工作。會有中等成就。

你是太陽坐命辰，戌宮的人。

當夫妻宮是『天同、太陰』，官祿宮是空宮時

表示你內心自以為是絕頂聰明的，表面上你是大咧咧的，但是也有些細心，很會看臉色。你的注意力在人身上，喜歡比較和抱怨。你只能做稍許簡單的薪資工作，稍微辛苦就會抱怨不完。所以難有大成就。如果有折射得貴格，或可在司法機關任職，職位會升高一點。

你是陽巨坐命寅、申宮的人。

當夫妻宮是『天同、巨門』，官祿宮是空宮時

表示你內心是懶懶的、常常內心嘰哩咕嚕一大堆怨懟的事，你會凡事看不順眼，覺得須要改革和救贖，但你一項都做不到。你就默默地容忍包容。想要等別人來做。如果有貴格的人，會有高學歷，也能做一些揚名的事。若無貴格，只是無用的普通人。

你是陽梁坐命卯、酉宮的人。

廉貞

當夫妻宮是『廉貞』，官祿宮是『貪狼』時

表示你內心自以為是絕頂聰明的，你很有計謀。你每天勞神勞力，希望創造大事業。你的環境比一般人好，又喜歡籌謀。天生命格中有財。有貴格的人能有成就。無貴格的人只是一般人。

你是破軍坐命辰、戌宮的人。

當夫妻宮是『廉貞、天相』，官祿宮是『破軍』時

表示你內心是溫和、講求公正，思想簡單，願意幫忙料理解決難題的人。同時你的配偶也是你乖巧的好幫手，會幫你料裡一切雜事。好讓你不懼一切麻煩與辛勞去努力打拼。所以你會有很好的成就。因為你先天就有很好、很富裕的環境，也先天就高人一等。所以成功比別人容易多了。

你是七殺坐命寅、申宮的人。

當夫妻宮是『廉貞、天府』，官祿宮是『七殺』時

表示你內心是以交際應酬、拉關係來擴展關係的人。你的配偶也一樣很愛此道。所以你們夫妻倆會一同大做關係往上爬。你會貪心不斷，在上等社會中長袖善舞。最終會獲得士族官紳的地位。

你是貪狼坐命子、午宮的人。

當夫妻宮是『廉貞、七殺』，官祿宮是『天府』時

表示你內心性格剛直，不算聰明。你的配偶也是脾氣不好又有些笨的人。你適合做軍警業、簡單不麻煩的行業，你的腦筋直，會繼續不停打拼，能賺到不錯的工資。生活過得去。

你是空宮坐命，有紫貪相照的人。

當夫妻宮是『廉貞、破軍』，官祿宮是『天相』時

表示你內心複雜、混亂、善於鬥爭，不怕一切丟臉的事。你的配偶也是一個天不怕地不怕的人。因此你們會打破一切藩籬拼命賺錢。你的官祿宮是天相陷落。表示工作職位不高，也未必做得長。你喜歡賺錢，但是且戰且走的型式。凡事都不長久。但仍然會工作。

你是天府坐命巳、亥宮的人。

當夫妻宮是『廉貞、貪狼』，官祿宮是空宮時

表示你內心總是想著不好的事。實際上你也會遇到人緣很爛的配偶。你絲毫不在乎人際關係間的友情。也不在乎夫妻間的愛情。你們是偶然遇到的牆花敗柳，因此很快會離婚。你的工作也是這種隨興而至的隨便勞動。你喜歡做一個小市民。

你是天相坐命丑、未宮的人。

天府

當夫妻宮是『天府』，官祿宮是『廉殺』時

表示你內心是喜歡享福、享受的人。做事你會一板一眼。你的配偶也會是個生活富裕，能對你有幫助的人，夫妻生活愉快。你在工作上只會做固定的事，做少少的打拼，不算很積極。所以你適合做軍警業的公務員。能做到中等官階。有貴格和暴發運的人，官階會高一些。

你是紫貪坐命卯，酉宮的人。

當夫妻宮是『天府』，官祿宮是『紫殺』時

表示你內心是喜歡享福、享受的人。做事你會一板一眼。夫妻感情好，你的配偶是個家世好、會存錢的人。對你會有幫助。你在事業打拼上會選擇有價值，投資報酬率高的工作打拼。你有爆發運，待運而發。所以一般時候你並不積極，只有等到機會來時才會衝刺。爆發運強的人，又有貴格的人，會有大事業大集團的成就。爆發運普通大的人，會暴起暴落，南柯一夢。

你是武貪坐命丑、未宮的人。

當夫妻宮是『武殺』，官祿宮是『天府』時

表示你內心是喜歡享福、享受的人。做事你會一板一眼。夫妻感情不錯。你很黏配偶。因為你的人緣關係欠佳，所以會靠配偶幫你打點連繫。你會有專門的技術，或做軍警業有大發展。若命格中有暴發格的人，會有高官及大成就。無暴發格的人只是普通人。

你是廉貪坐命巳、亥宮的人。

太陰

當夫妻宮是『太陰』，官祿宮是『天同』時

表示你內心溫柔，愛談戀愛，為人體貼，但想得多、口才很好的人。你配偶也是口才犀利，外表陰柔美麗，看似溫柔體貼，但很會過日子的人。你也想過平順的好日子。但命中的錢財不多。你能享受妻財。如果有貴格的人，能有高學歷與才情，可名揚四海，在學術界有成就。如無貴格，只是一般上班族，妻管嚴過

日子。

你是巨門坐命巳、亥宮的人。

當夫妻宮是『太陰』，官祿宮是『天機』時

表示你內心溫柔，愛談戀愛，為人體貼，但想得多、口才很好的人。你的配偶也是個薪水族的人。你會靠長輩照顧過日子。有貴格的人，能有高學歷，並擠身上流社會。無貴格的人，人海浮沉。你們的事業運機運不算好，打拼能力也是中下等，談不上成就。

你是同巨坐命丑、未宮的人。

當夫妻宮是『太陰』，官祿宮是『太陽』時

表示你內心溫柔，愛談戀愛，為人體貼，但想得多、口才很好的人。你的配偶也是長相美麗、喜歡工作的人。你非常聰明、智商高，若再有貴格的人，會高人一等，在科技、財經、法律、政治、學術各方面成為一代翹楚。也能成為世界首富。若無貴格的人，多努力能小有名氣。一般人可衣食無憂。

你是巨門坐命子、午宮的人。

貪狼

當夫妻宮是『貪狼』，官祿宮是『紫微』時

表示你內心是貪心、又自以為是絕頂聰明的人。你什麼都希望得到最好的，但不一定能如願。你可以做管理階層的人，但總是為人擦屁股。你不瞭解配偶與情愛之事。會以享福的生活為主。好好過生活是你一生的成就。

你是武相坐命寅、申宮的人。

當夫妻宮是『貪狼』，官祿宮是『武曲』時

表示你內心是貪心、又自以為是絕頂聰明的人。你不瞭解配偶與情愛之事。會以錢財享福的生活為主。你的環境是混亂多是非糾紛的，你有自己的正確的三觀，喜歡賺錢跟做對人對己有利的事情。而且還會調解兄弟及朋友間的糾紛，對人也算寬宏。若命中有貴格的人，能有中等以上的財富與成就。無貴格的人，會是普通生意人。

你是廉相坐命子、午宮的人。

當夫妻宮是『貪狼』，官祿宮是『廉貞』時

表示你內心是貪心、又自以為是絕頂聰明的人。你不瞭解配偶與情愛之事。配偶也與你感情日漸冷淡。你每天專注的是賺錢之事。會花很多心思去計劃籌謀賺錢與進階之道。你適合做公務員，可幫忙解決一些困難及紛爭，能做到中級的官階。

你是紫相坐命的人。

巨門

當夫妻宮是『巨門』，官祿宮是『天機』時

表示你內心的小劇場多，你是口才好、人緣和智商高的人。你的配偶也是話多口才好的人。你自以為是絕頂聰明的，喜歡做變化多端的工作。有貴格的人，成就會略高，能做科技、設計、創作和服務業。你是天生的薪水族。會為生活忙碌。

你是同梁坐命寅、申宮的人。

你的『成就』有多高？

當夫妻宮是『巨門』，官祿宮是『太陽』時

表示你內心的小劇場多，你是口才好、智商高的人。你的配偶也是話多口才好的人，但夫妻常鬥嘴。若你的命格有貴格，你的成就會很高，會名揚四海。你很有耐性，會為家族光耀門楣。

你是天梁坐命丑、未宮的人。

當夫妻宮是『巨門』，官祿宮是『天同』時

表示你內心的小劇場多，常嘀嘀咕咕的不停。你是口才好、智商高的人。你的配偶也是話多唸個不完的人。夫妻常鬥嘴。你的工作一直很平靜順遂。若有貴格的人，能做高級事務的領導者。成就會很高，也能名揚四海。若無貴格的人，會是一般普通人，為家中雜事糾紛而忙碌。

你是天梁坐命子、午宮的人。

天相

當夫妻宮是『天相』，官祿宮是『紫破』時

表示你內心有一把尺，注重公道和是非曲直。是絕頂聰明的人。你的配偶是你的賢內助，會幫忙你料理大小事情。你會做公務員或軍警業較佳，能靠戰功事業彪炳。作文職，只適合做律師或法官，你的理財能力不好。只能靠行動的打拼來成就事業。你能有中等成就。

你是武殺坐命卯、酉宮的人。

當夫妻宮是『天相』，官祿宮是『武破』時

表示你內心喜歡平順生活，講求公平、對等。你的配偶也很聽話、老實。你適合做軍警業，做文職會財不多。如果命格中有貴格的人，能做研究工作，也能大有成就。名揚四海。若無貴格的人，只是一般普通人，打拼過日子而已。

你是廉殺坐命丑、未宮的人。

當夫妻宮是『天相』，官祿宮是『廉破』時

表示你內心的標準很低，因為是天相陷落。你自以為是絕頂聰明的，但人算不如天算。不過還好，你在財運上有好運，會爆發錢財。你會做爭鬥強、或破爛、複雜的工作。如發戰爭財，做戰爭物品、或鐵工廠、小家電工廠、電子零件廠等地工作。你也適合做軍警武職，做文職發不了財。你只有中等以上的成就。無法成大事。

你是紫殺坐命巳、亥宮的人。

天梁

當夫妻宮是『天梁』，官祿宮是『天機』時

表示你內心自以為是聰明的，你會找一個年紀比你大的配偶來享福。你未必工作。你的官祿宮是『天機陷落』。表示工作運很差。你只喜歡有人來照顧你，動動嘴指使別人來作事，並不想自己太勞累。你的成就就是找到長期飯票，在家享福。

你是天同坐命卯、酉宮的人。

當夫妻宮是『天梁』，官祿宮是『太陽』時

表示你內心自以為是有計謀的。你會找一個年紀比你大的配偶依附過日子。但若命格中有貴格的人，會有高學歷，也能在子、午年有揚名的機會或成就。沒有貴格的人，只是一般普通人，沉浮過日子。

你是空宮坐命，對宮有機陰相照的人。

當夫妻宮是『天梁』，官祿宮是『天同』時

表示你內心是希望有如同貴人的配偶來照顧你，但又不能如願的人。因為是天梁陷落的關係。結婚後夫妻關係冷淡。你想靠人養，但最後還是必須自己工作來生活。你沒有大理想，只想有人捧著你就好了。

你是空宮坐命，對宮有日月相照的人。

七殺

當夫妻宮是『七殺』，官祿宮是『紫府』時

表示你內心堅定、耿直、言行乾脆、肯打拼的人。你也要找愛打拼工作的人作配偶。你討厭不工作的人。你對金錢很小心。會作與金錢有關的行業和軍警業。你們會在財富上的成就很大。但必須有貴格才行。無貴格的人只能作一般小商人。你們有暴發運，天生運氣比一般人好。軍警業也要有貴格，能出將入相有大成就。

你是武曲坐命辰、戌宮的人。

當夫妻宮是『七殺』，官祿宮是『武府』時

表示你內心堅定、肯打拼，也很乾脆。你天生喜歡『財』與『權』。你是一個十分政治的人，你的配偶也會和你一樣愛政治交際。你的目標最後落在金錢上。有貴格的人會事業成就高。無貴格的人，會一生浮沉。或做奔波的小商人。

你是廉貞坐命寅、申宮的人。

當夫妻宮是『七殺』，官祿宮是『廉府』時

表示你內心堅定、肯打拼，也自以為是絕頂聰明的。但你的配偶笨笨的。你一生有很多小小的好運，大的好運較少。如果有貴格的人，就有大的好運，能做中等成就以上的人。無貴格的人，會是一般小老百姓生活。

你是紫微坐命子、午宮的人。

破軍

當夫妻宮是『破軍』，官祿宮是『紫相』時

表示你內心常有衝突不斷，你會有與常人不一樣的觀點看法。會打破世俗看法。你也容易找到價值觀不一樣的人做配偶。因此也很容易離婚。你和你的配偶都是二婚三婚的人，你們要經過多次婚姻才會瞭解自己。還好你們會將重心放在工作上，會作中等以上的小官。命格高的可作財經首長。普通命格是一般上班族。

你是武府坐命子、午宮的人。

當夫妻宮是『破軍』，官祿宮是『武相』時

表示你內心常想法多變反覆，觀點和常人不一樣。你會找到價值觀不同的配偶，因此常易二婚、三婚。你比較重視錢財，在生活用度上也富裕很多。你也會奮力打拼，拼命工作賺錢。你們有貴格的人很少，故多半以錢財為追求目標。命中財多的人，能有小富貴。一般人也能衣食無憂。

你是廉府坐命辰、戌宮的人。

當夫妻宮是『破軍』，官祿宮是『廉相』時

表示你內心常想法多變反覆，觀點和常人不一樣。你會找到價值觀不同的配偶，因此常易二婚、三婚。你較重視自己的物質生活充裕。你們喜歡在錢財上打拼。而且鮮少有貴格的人。能過中等以上的富裕生活很不錯了。

你是紫府坐命寅、申宮的人。

祿存

當夫妻宮是『祿存』，官祿宮是『同陰』時

表示你內心是小氣吝嗇、膽小怕事的人。你的配偶也是個膽小的吝嗇鬼。你喜歡躲在一旁享福。也喜歡談戀愛和享受平靜的小日子。你會有固定的薪資。有貴格的人能做法官等高職。你們有偏財運，命裡財多的人，能賺大錢。是否有大事業還是得具備貴格。

你是空宮坐命寅、申宮，有陽巨相照的人。

當夫妻宮是『祿存』，官祿宮是『機陰』時

表示你內心是小氣吝嗇、膽小怕事的人。你的配偶也是個膽小的吝嗇鬼。你一生多是非災難，生活辛苦。你能得貴人財，也會有貴人介紹工作給你。你會做個稱職的上班族。命格中有貴格的人，會有成就。無貴格的人，以薪資度日。

你是天同坐命辰、戌宮的人。

當夫妻宮是『祿存』，官祿宮是『陽巨』時

表示你內心是小氣吝嗇、膽小怕事的人。你的配偶也是個膽小的吝嗇鬼。因為你的命宮和夫妻宮都是空宮，基本上你常頭腦空空，內心想法空洞。你喜歡說個不停的工作。如果有折射的貴格，你的工作職位會略高。無貴格的人，只是混日子而已。

你是空宮坐命辰、戌宮，有機梁相照的人。

當夫妻宮是『祿存』，官祿宮是『紫貪』時

表示你內心是小氣吝嗇、膽小怕事的人。你的配偶也是個膽小的吝嗇鬼。你會做複雜、混亂需要整理重建的工作。做軍警業會升遷很快。做文職會不富裕。你敢大刀闊斧的幹，職位可升到中等小官。

你是武破坐命巳、亥宮的人。

當夫妻宮是『祿存』，官祿宮是『機巨』時

表示你內心是小氣吝嗇、膽小怕事的人。你的配偶也是個膽小的吝嗇鬼。你

你的『成就』有多高？

天生有好命，喜歡享福。你本命有『刑印』格局，所以容易被欺負。你會過自己的小日子。有貴格的人，能在學校做學術工作能有成就。無貴格的人，平凡過日子。

你是天同坐命巳、亥宮的人。

當夫妻宮是『祿存』，官祿宮是『陽梁』時

表示你內心是小氣吝嗇、膽小怕事的。你的配偶也是個膽小的吝嗇鬼。你會兢兢業業很小心地讀書及工作。有貴格的人，會有名揚四海的大成就。無貴格的人，會做房地產、銀行業、金融業拼命賺錢。因為『祿存』是小氣財神。所以你也無法成為大富。

你是太陰坐命巳、亥宮的人。

當夫妻宮是『祿存』，官祿宮是『廉貪』時

表示你內心是小氣吝嗇、膽小怕事的。你的配偶也是個膽小的吝嗇鬼。你會只喜歡自己享福，顧不了別人許多的人。你每天看起來忙碌，卻不一定能做很多事。你的朋友運和兄弟運都很差，你是孤獨人緣不佳的人。在工作上也職位不高。

除了做軍警業外，只是藍領階級的人。做文職也做不久。
你是紫破坐命丑、未宮的人。

擎羊

當夫妻宮是『擎羊』，官祿宮是『同陰』時

表示你內心自以為是絕頂聰明，有很多計謀，也有些小陰險的。你對人很挑剔，也會偏食。你會做薪水族，但常換工作。你常內心不痛快，處處計較，如此也影響你的婚姻。雖然你能做細心的工作，但會常因情緒不佳而罷工。所以你會因情緒問題而無成就。
你是空宮坐命寅、申宮，有陽巨相照的人。

當夫妻宮是『擎羊』，官祿宮是『武貪』時

表示你內心自以為是絕頂聰明的，有很多計謀、也心狠手辣的，善於爭鬥。你也會擁有陰險狡詐的配偶。你在事業上有偏財運。你也膽大妄為，敢作敢當，

你的『成就』有多高？

雖然你周圍的環境很糟，你還是能突破萬難的往上爬。你能具有一定的事業功績。有貴格的人，能靠政治爭鬥登上宰府之位。命格低者，只是一般打工仔。

你是廉破坐命卯、酉宮的人。

當夫妻宮是『擎羊』，官祿宮是『紫貪』時

表示你內心自以為是絕頂聰明的，有很多計謀、也心狠手辣的，善於爭鬥。你的配偶也很兇。你會是甲年或庚年生的人，命格會有化權。做軍警業對你有利。能升上中等以上的職位。你為人挑剔，要求高。在事業上有好運。

你是武破坐命巳、亥宮的人。

當夫妻宮是『擎羊』，官祿宮是『機巨』時

表示你內心自以為是絕頂聰明的，但頭腦不清，會專想一些對自己有利的事，凡事很自私。你也未必喜愛學習，人生是得過且過。你未必有配偶。即使有配偶也是彼此相剋不合的。你最多能在學校教書或做薪水族。

你是天同坐命巳、亥宮的人。

當夫妻宮是『擎羊』，官祿宮是『陽梁』時

表示你內心常犯難，覺得做任何事都難。你會找年紀比你大的配偶，但常不得力。你的心情常低落，你會有錢財拖拖拉拉的問題。你即使有貴格也會因你一時的想法而走歪，無法主貴。你只有堅定目標努力，也能名揚四海而有大成就。無貴格的人，會從商或薪水族過生活。

你是太陰坐命巳、亥宮的人。

當夫妻宮是『擎羊』，官祿宮是『機梁』時

表示你內心有很多計謀，也有些小陰險的。你對人很挑剔，容易不婚或晚婚。你和配偶相處也會有磨擦不合，易離婚。你會喜歡談練愛跟過好的小日子。生平無大志，只希望找到一個能照顧你的配偶。但是你的配偶也很小氣，不見得願意付出，所以你常尋尋覓覓。

你是同陰坐命子、午宮的人。

陀羅

當夫妻宮是『陀羅』，官祿宮是『同巨』時

表示你內心自以為是聰明，但有些笨的。你也會找到頭圓圓的、有些笨的人做配偶。你天生有長輩運，會靠人過日子。所以你也無太大的志向。有衣食即可。

你是空宮坐命，對宮有陽梁相照的人。

當夫妻宮是『陀羅』，官祿宮是『武貪』時

表示你內心自以為是聰明的，你是甲年或庚年生的人。你的配偶很笨，但你命宮有擎羊，很聰明，有計謀。官祿宮有『武曲化權、貪狼』的人，能賺大錢。也能在政治上掌權。做軍警業能做上將軍。甲年生人也能有好運，打拼有成。

你是廉破坐命卯、酉宮的人。

當夫妻宮是『陀羅』，官祿宮是『日月』時

表示你內心自以為是聰明的，但做事和想法都拖拖拉拉不清楚。你的情緒容易起伏不定，又都藏在心裡窮蘑菇。你必須靠讀書才會有成就。但你未必了解你應走的路途。命格有貴格的人，還能上進走官途。無貴格的人，也財運不豐。薪水族生活能有衣食。你的配偶是比你更差的人。

你是空宮坐命卯、酉宮，有『天機、巨門』相照的人。

當夫妻宮是『陀羅』，官祿宮是『機陰』時

表示你內心自以為是聰明的，但心情又陰晴不定，做事和想法都拖拖拉拉不清楚。你會做東奔西跑的上班族。工作也會斷斷續續。你會找到脾氣時好時壞，又有些笨的配偶。你有貴人運，會有人介紹工作或給你錢。你能生活無憂。

你是天同坐命辰、戌宮的人。

當夫妻宮是『陀羅』，官祿宮是『陽巨』時

表示你內心自以為是聰明的，但做事和想法都拖拖拉拉不清楚。你喜歡耍聰明、話多。你的配偶也是話多聒噪又笨的人。你喜歡給人亂出主意。你的財不豐。要靠薪水族生活。如果有偏財運時，你會富裕一點。

你是空宮坐命，有機梁相照的人。

當夫妻宮是『陀羅』，官祿宮是『同梁』時

表示你內心自以為是聰明的，但做事和想法都拖拖拉拉不清楚。你會找到脾氣好又笨的配偶。命格中有貴格的人，會成就好一點。無貴格的人，會早婚，過平凡日子。

你是太陰坐命辰、戌宮的人。

當夫妻宮是『陀羅』，官祿宮是『機梁』時

表示你內心自以為是絕頂聰明的，但做事和想法都拖拖拉拉不清楚。你會找到年紀比你大，但有些笨的配偶。他會照顧你。你的命宮有擎羊，所以你也會小心與挑剔。你喜歡享福，但命格財不多。薪水族的生活會平順一些。

你是同陰坐命子、午宮的人。

當夫妻宮是『陀羅』，官祿宮是『廉貪』時

表示你內心自以為是絕頂聰明的，但做事和想法都拖拖拉拉不清楚。你會找到又笨又人緣不佳的人。你的命宮有擎羊。表示你是小心又破財凶的人。你會做沒有名位職稱的工作。賺錢也辛苦不佳。你會凡事想太多而不成功。

你是紫破坐命丑、未宮的人。

第三章　人生四大格局影響『人生成就』

用紫微斗數的論命法來斷定『人生成就』。最基本的就是可用四個格局來看『人生成就』的高低。

一、用『陽梁昌祿』格的架構來斷定『人生成就』。
二、用『殺、破、狼』格局的架構來斷定『人生成就』。
三、用『機月同梁』格的架構來斷定『人生成就』。
四、用『武貪格』、『火貪格』、『鈴貪格』等暴發格的架構來斷定『人生成就』。

第一節 用『陽梁昌祿』格的架構來斷定『人生成就』

何謂『陽梁昌祿』格？

『陽梁昌祿』格是一個貴格。是古代傳臚（科舉時代殿試後宣讀皇帝詔命唱名）第一名的貴格。中榜者也會是未來駙馬爺的人選。此格局是由『太陽、天梁、文昌、祿星（祿存與化祿）』這幾顆星在命盤的四方宮位或三合宮位上所形成的。此格局能使人具有高學歷（能讀到博士學位）、讀書及學習能力很好。也會使人聲名遠播。

『**陽梁昌祿』格中的『太陽星』，代表的是暢旺的前程**，與讀書和工作的運氣。當你具有完整的『陽梁昌祿格』時，**即使太陽是陷落的**，仍可有利於讀書。很可能你會默默的、不張揚的有好學歷。你也許並不一定每次都考第一，也許只是中等程度，但在求學的路途上仍很順利。

此格局中的『天梁星』，代表的是上天的蔭庇。和聲名大好的機緣。因為考試由其是考第一名很需要運氣，需要上天神明即祖先的保佑、照撫，才能一舉得中。在此格局中，**即便天梁星是陷落的**，貴人無力，但對讀書和增高高學歷也是無妨的，只是你較難成名，沒有響亮的名聲。

此格局中的『文昌星』，代表的是文書能力、計算能力、繪圖能力、氣質能力等等。**當文昌居旺時**，你會長相美麗，受人喜愛尊敬，氣質好，字體漂亮，文書能力特佳，精明幹練、善繪畫、精數字算帳，當然文章的內容也是鏗鏘有力，能得主考官的欣賞的。**當『陽梁昌祿』格中的文昌居陷時**，如果做運動員還好，也能慢慢升級，成為高學歷。如果要參加文職考試或升職，會有些辛苦。因為本身氣質有些差，和面試主考官的眼緣也不佳。即便只是筆試，也會字跡不佳，不討人喜歡。

此格局中的『祿星』，有兩顆，是『祿存』或『化祿』。『祿星』代表的是你會因這些學歷或名聲而得到利益和錢財。『陽梁昌祿』格中沒有祿星，就沒有財，也格局不成立。『祿存』是保守的財，代表衣食之祿。不是大財，有飯吃而已，多半以教書或薪水族為業。

『**化祿**』**有**『**十干化祿**』。依據該人的出生年干而定的化祿。例如：甲年是『廉貞化祿』。乙年是『天機化祿』。丙年是『天同化祿』。丁年是『太陰化祿』。戊年是『貪狼化祿』。己年是『武曲化祿』。庚年是『太陽化祿』。辛年是『巨門化祿』。壬年是『天梁化祿』。癸年是『破軍化祿』。這其中以『天梁化祿』和『太陽化祿』最容易形成『陽梁昌祿格』。

『陽梁昌祿格』中一定要有祿星才有用。『祿存』在每個宮位都是居廟的。但『化祿星』會跟隨其主星的旺弱，而有高低旺弱。當『化祿星』居旺時，你是一定可因這個『陽梁昌祿格』賺到大錢，且會是你人生的超助力事業的幫手。如果『化祿星』居陷，那這個『陽梁昌祿格』會幫你賺到的錢較少。（此部分可參考法雲居士所著《使你升官發財的『陽梁昌祿格』》，有各種格局可供瞭解）

『陽梁昌祿格』中有刑星存在時

當『陽梁昌祿格』中有刑星存在時，要看刑星跟陽、梁、昌、祿的哪一顆星同宮，就可知道此格局是受誰所害，也可知到是哪方面較弱，再來想辦法補強。

當『陽梁昌祿格』中有刑星存在時，表示『陽梁昌祿格』是受到剋害的。所剋害的方式有幾種：

1. **太陽和擎羊同宮**，表示學習能力和工作，和公家機關、學校及男性都受到剋害，你須要靠女性貴人的幫助。並在太陽、擎羊的流年裡，考試競爭及升職都特別辛苦。若太陽居旺，還有可能。太陽和擎羊俱陷落時，無望。有此格局的人，你的『陽梁昌祿格』會被打斷。若悶頭讀書減少競爭，仍可繼續學習無礙，但有時也會中斷學習及讀書。

2. **太陽和陀羅同宮**；表示學習能力較笨，喜歡拖拖拉拉。男性和公家機關、學校都看不起你。考試及升職都會拖拖拉拉。若太陽居旺時，你會因無人可用或不得已的原因仍可升職或考上考試。若太陽居陷時，無人理會你。有此格局的人，你會讀書或工作被打斷，休學或離職。

3. **『太陽和火星』或『太陽和鈴星』同宮**：表示你的學習、讀書、工作都急忙忙的一下子，你很聰明，學習速度快，但沒有恆心。也會很快地放棄。你會很快的受外在其他的事件引起你的興趣而轉移目標。有時也可能轉移項目或轉行。也可能暫時中斷。

4. **『太陽和天空』或『太陽和地劫』同宮**：表示你根本不知道學什麼？或會受人影響，放棄原先所學、所作的工作，另外學起或轉行到別處。在你的這個『陽梁昌祿格』中，最空的、或是被劫走的，主要是學習力和人生目標。你需要有貴人帶領你，才能真正有成就。

5. **太陽和化忌同宮**：如果直接是『太陽化忌』，表示你會繞了一個大彎，花了幾十年的光陰，才又走到學校或學習的路上。當然一路上你的學習和工作是磕磕絆絆的不順利的。你一路上受男性和公家機關、學校的排斥。到私人機構或女性多的地方會較受歡迎。

如果是『太陽和太陰化忌』同宮，表示你的『陽梁昌祿格』會受女性和錢財影響而中斷。你會沒錢念書，或女性不讓你念或不讓你升職。你會情緒古怪生氣自暴自棄。

若是『太陽和文曲化忌』同宮：表示你的『陽梁昌祿格』會考才藝方面不順利，考不上。這些才藝包括運動類、舞蹈類、韻律操、口技、唱歌、樂器彈奏、滑冰，操作器材、体能表現如選美、選肌肉先生等的比賽和考試皆不易錄取。你只能用筆試的還有機會。

若是『太陽和文昌化忌』同宮，表示你的『陽梁昌祿格』會在考筆試方面、計算能力方面、繪畫方面、刺繡、測量、醫藥、會計師、律師、檢定師等方面，會繞醫個大圈子才考上。

天梁和擎羊同宮：表示蔭星（貴人星）受到剋害。你仍是有機會考上。但會受到主考官或學校長官，或上司的刁難。考試和升職的過程倍感艱辛。也可能主考官或上司會用交換條件才讓你通過考試或升職。倘若你這個『陽梁昌祿格』中還有其他的火鈴、劫空或化忌等星。考上的機會渺茫。

天梁和陀羅同宮：表示蔭星（貴人星）受到剋害。貴人是頑固又笨，自以為是的人。他會用拖拖拉拉的方式，讓你不錄取。倘若你這個『陽梁昌祿格』中還有其他的火鈴、劫空或化忌等星。考上的機會也是渺茫。當天梁和陀羅俱落陷時，你不會去考試或不會想升職。

『天梁和火星』、『天梁和鈴星』同宮：表示貴人會偶而出現一下下。也表示你會偶而想參加考試，偶而想升職，但不確定。你也會偶而有名一下。但你不是很在乎。倘若你這個『陽梁昌祿格』中還有其他的劫空或化忌等星。考上的機會也是渺茫的。可能你根本沒想去競爭考試或升職。

『天梁和天空』、『天梁和地劫』同宮：表示沒找到貴人，或是貴人離開了或被人搶走了，你也不是一定想參加考試或升職，你會放棄機會。倘若你這個『陽梁昌祿格』中還有其他的火鈴、羊陀或化忌等星。考上的機會很渺茫。

『天梁和文曲化忌』、『天梁和文昌化忌』同宮：

『天梁和文曲化忌』同宮：表示貴人和此貴格有口舌是非。在考試時會有磨難不順利。考才藝學科會考不上。考筆試馬馬虎虎通過，但口試不過。

『天梁和文昌化忌』同宮：表示貴人糊塗，在文筆計算上會出錯。會有文案上的是非和官非，會打官司、訴訟。要小心！

倘若你這個『陽梁昌祿格』中還有其他的劫空或羊陀等星。考上的機會也是渺茫的。

文昌星的問題

『文昌和擎羊』同宮：雙星居旺廟，如在辰宮，表示你可作刀筆吏或律師、法官之類的人。你會寫言詞犀利，用刀筆殺人的文章。雖然能針貶時弊，但對於考試和升職並無幫助。可能反而令人討厭。而且文昌是時系星，會在辰時有車禍及鐵器傷災。如果在午宮，雙星俱陷落，你會粗俗像流氓，不一定會念書或升職。『陽梁昌祿格』對你無用。

『文昌和陀羅』同宮：雙星居旺廟，如在辰宮，表示你是有時候聰明、文筆好。有時候笨，想不通。你會外表斯文但性格悶悶的。也會寫文字契約還好，但計算能力不佳。如果在寅宮雙星居陷，表示又粗俗又笨，『陽梁昌祿格』對你無用。如果文昌陷落而陀羅廟旺，表示仍是粗俗笨的。如果文昌旺而陀羅陷，表示斯文和文筆仍有，但性子慢且笨。

倘若你這個『陽梁昌祿格』中還有其他的劫空或化忌等星。考上的機會也是渺茫的。

『文昌和火星』、『文昌和鈴星』同宮：表示文昌會被火星刑剋。文昌屬金，被火剋，就會在文筆和文質上馬虎草率，不夠精細。如果文昌又居陷，更是粗俗火爆，會頭腦不清、無法無天。不懂法紀。倘若無其他刑星同在此『陽梁昌祿格』中，尚無大礙。只是一個時辰的臨時貴人跑得很快。考試運及升職運很快結束。

倘若你這個『陽梁昌祿格』中還有其他的劫空或化忌等星。考上的機會也是渺茫的。

『文昌和天空』、『文昌和地劫』同宮：表示文昌居旺時，你會是清流作家，寫的文章不著邊際，別人也不一定注意到你。文昌居陷時，你根本沒有文筆，也無計算能力，糊塗過日子。倘若你這個『陽梁昌祿格』中還有其他的羊陀或化忌等星。考上的機會也是渺茫的。

文曲星的問題

『文曲和擎羊』同宮：雙星居旺廟，如在辰宮，表示你口才犀利、刀子嘴，會令人生畏。對考試和升職不利。也無法參加才藝競爭。做歌星、藝人都無機會。雙星居陷在戌宮，你可能是悶葫蘆，一開口便得罪人。讓人頭痛。

『文曲和陀羅』同宮：雙星居旺廟，如在辰宮，表示你常說笨話，又愛講，讓人傷腦筋。你雖有才藝，但無法發揮。雙星居陷在戌宮，會是又笨又蠢的悶葫蘆。別人都沒注意到你。

『文曲和火星』、『文曲和鈴星』同宮：表示文曲會被火星刑剋。文曲五行屬水，故是水火相剋。雙星在巳酉丑宮居旺時，表示會有流行的才藝會展現一下下，很快會變。若火鈴居陷時，在申子辰宮，文曲仍居旺。，表示有古怪的才藝和口才，對你的用處不大。

『文曲和天空』、『文曲和地劫』同宮：表示文曲居旺時，其人的才藝空泛無用，口才說話言之無物，沒有內容。或是因為特殊原因無法施展才藝及口才。文曲居陷時，在寅、午、戌宮，表示口才不佳，沒才藝，沒人緣，而失去成功機會。

『陽梁昌祿格』中祿星的問題

『陽梁昌祿格』中的祿星有兩種。1.祿存。2.化祿

1. **祿存和刑星同宮**：祿存不會和擎羊、陀羅同宮，而是前羊後陀，祿存為羊陀所夾。所以祿存只會和火鈴、劫空、化忌同宮了。上述狀況都稱為『祿逢沖破』。和『劫空』同宮，稱為『財祿逢空』或『財祿逢劫』，都會財少或無財。倘若你的『陽梁昌祿格』中有此狀況，你會不見得愛念書，因為即使念了也賺錢少。會直接去賺錢。

2. **化祿星和刑星同宮：**化祿星有『十干化祿』。會在『陽梁昌祿格』中出現的，常是太陽化祿、天梁化祿。有時候太陰化祿、天機化祿、巨門化祿因在此格局的對宮，有時候也會被借用。化祿和祿存同宮或相照時稱為『雙祿格局』。這主要是『天梁化祿』和祿存會在巳、亥宮同宮或相照而形成。其他的『雙祿格局』不在『陽梁昌祿格』之列。因此不談。

化祿主要和羊陀、火鈴、劫空、化忌同宮。化祿和羊陀同宮會刑財。也會影響『陽梁昌祿格』的發展，會半途而廢不念書也不考試競爭了。化祿和火鈴同宮也是刑財。化祿和劫空同宮亦是『財祿逢空』或『財祿逢劫』，都會財少或無財。再則是：化祿和化忌同宮，稱為『祿忌相逢』。在『陽梁昌祿格』中有此格局，財祿被沖破，也對念書沒興趣，或一直考卻考不上。或一直無法升職。人生容易蹉跎而過。

所以在『陽梁昌祿格』中出現刑星，都是不美的事。『陽梁昌祿格』是貴格，能主貴。若出現刑星，就稱為『貴不足』，令人十分遺憾。

第二節 用『殺、破、狼』格局的架構來斷定『人生成就』

『殺、破、狼』的人生架構

『殺、破、狼』是一個人的基本人生架構。每個人都有。它是在一個三合宮位上，可說是一個鐵三角的組合。它代表該人的『打拼力量』。

人要有成就，必需要付出努力與打拼。可是這個能力並不是自己說了就行了，是要看事實結果的。是要靠社會輿論的評價的。是要大眾承認的。有一些人會說：『我已經努力夠了，但不成功，那有什麼辦法？』那表示你還沒努力到達標準。

你的『殺、破、狼』格局就能明白的表示你到底努力的層次到哪裡、到底夠不夠？而且顯示你是如何努力的？

『殺、破、狼』的星曜旺弱代表你努力的程度

『殺、破、狼』是由七殺、破軍、貪狼這三顆星所組成。

七殺：具有決斷性、殺伐性、攻掠性。七殺本是大將軍，必需天天出門攻城

掠地，把財物搶劫回來。所以七殺居旺時搶錢的能力超強，不畏辛勞、吃苦，會拼命苦幹，或勤勞練習技巧，刻苦耐勞的，用盡一切辦法，也要把錢賺到手，拿回來。七殺的對宮一定有一顆天府星。表示它外在的環境就是一個大財庫，你說怎會不讓它動心向外發展呢？

七殺雙星時的打拼力量

七殺居平時，它跟紫微在一起同宮，紫微會制它的殺氣，也會帶著它享福。所以『紫殺』這一組星曜，在『紫微在巳』和『紫微在亥』兩個命盤格式中，雖然也是忙碌，但情況是好的，賺錢也不少。而且沒有了讓人討厭的凶惡相。反而是他們這個命盤上好運的年份。

但是『**紫殺**』**的三合宮位中**有『廉貞、破軍』和『武曲、貪狼』。

『廉破』是廉貞居平、破軍居陷。這是沒有腦子又破到底的運氣。會胡亂打拼一通，甚至打壞所有的制度和東西，所以是勞命傷財的運氣。也是這三角關係垮下的一角。

『武貪』是『武貪格』暴發運的格局。且雙星俱居廟旺之位，是極高的旺運。它超過『紫殺』的旺運。所以它這邊發的財，夠『廉破』去消耗殆盡，還可能有剩。『武貪』所貪的東西財物很大，所以它的打拼能力是很強的。

6.紫微在巳

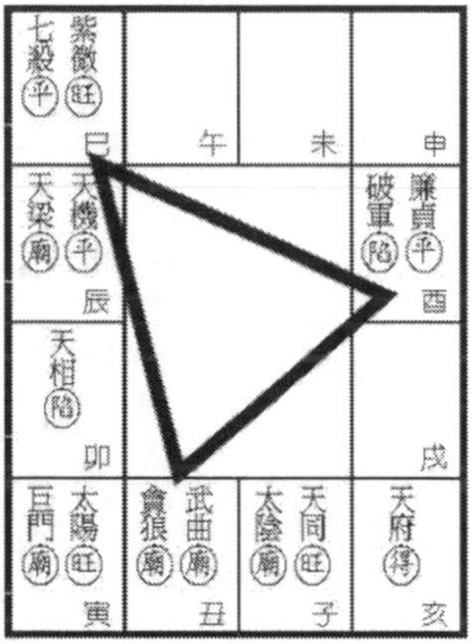

12.紫微在亥

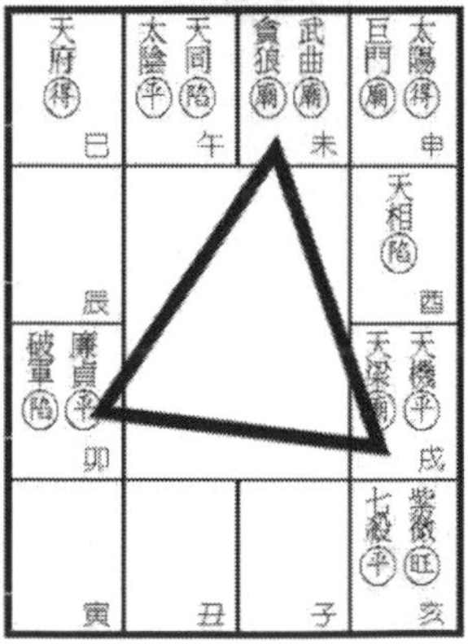

其他如：

『**廉貞、七殺**』：七殺雖居廟（極旺），但同宮的廉貞卻居平，表示一味的傻幹，成果不佳。是因為缺乏廉貞的計謀企劃的原因。

『**廉殺』這一組的三合宮位**是『武曲、破軍』及『紫微、貪狼』。

『武破』是『因財被劫』的格局，會窮和不富裕。武曲和破軍都居平，財就少了。代表賺錢能力不夠，耗費較多。

『紫貪』是桃花格局，也會貪赧享福，及享桃花之福（戀愛及男女關係）。

況且這組合中的貪狼居平，紫微居旺。表示貪心的東西少，享福的力量大。

所以總合起來，有『廉殺』在內的『紫微在卯』和『紫微在酉』兩個命盤格式的人，做學術界、軍警人員、固定的上班族較好。其打拼力量常會因其他的事打斷，而無繼續。

4.紫微在卯

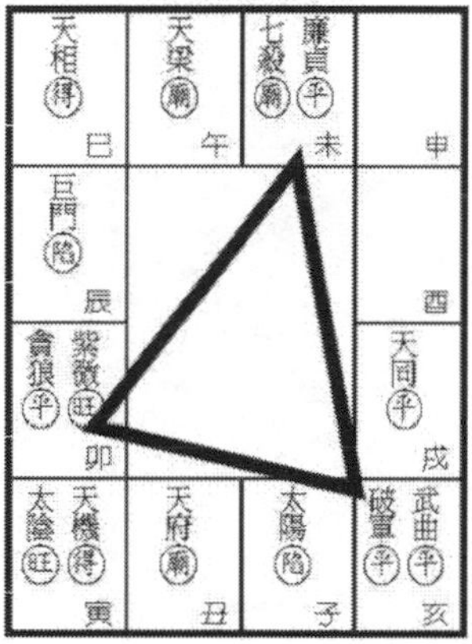

10.紫微在酉

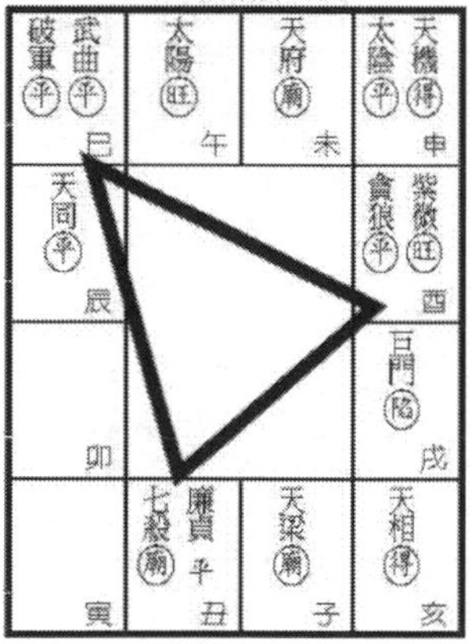

『**武曲、七殺**』**：**武曲居平，七殺居旺。這也是『因財被劫』的格局。武曲財星被七殺所傷。當然會很辛苦又賺錢不多。

『**武殺**』**這一組的三合宮位中**，有『紫微、破軍』和『廉貞，貪狼』。紫微居廟，破軍居旺，這事又會享福，又會打拼，能狂賺錢財的運氣。但三合宮位中的『廉貪』卻是雙星俱落陷無光。這表示會貪赧一些邪惡的東西、不好的東西。同時它也是『邪淫桃花』格局。所以走『廉貪』運時，運氣極壞，有爛桃花纏上身，或離婚，或被騙遭災，或名聲受損，或收賄被抓，或事業失敗。在這組三合宮位中，有一角垮了，另一組『武殺』想拚命賺錢，卻容易搶奪不成反而受傷且容易喪命。『武殺羊』就是因財喪命的格局。所以有『武殺』的『紫微在丑』和『紫微在未』兩個命盤格式的人，必需靠『紫破』這個運氣來力挽狂瀾。

2.紫微在丑

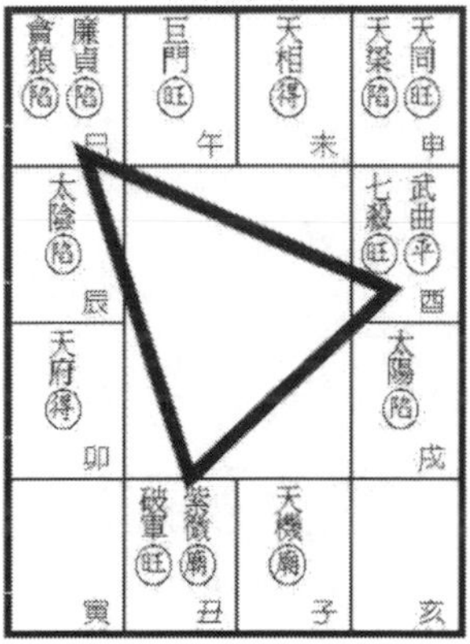

8.紫微在未

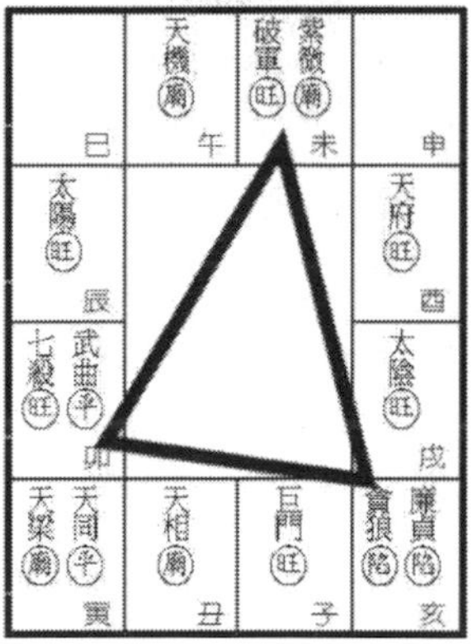

七殺單星時的打拼力量

七殺在子、午宮：此時七殺居旺。對宮有『武曲、天府』相照，表示外在環境中是個大財庫。因此七殺的打拼原動力很足。它一定要向外去爭戰奪取財富。但在它的三合宮位有『破軍居旺』和『貪狼居平』。

『破軍居旺』表示說開疆擴土的力量很足。也表示說改革及除舊佈新的力量很足。自然打拼和不懼破壞都要勝利的信念很強。它和七殺合起來就有兩重殺伐力量了，真可謂超強的打拼程度。但『貪狼居平』，表示運氣和貪心都不足。又是三合宮位有一角垮下。所以這一組『殺破狼』格局是貪心和運氣較弱的關係，只要多籌謀、多計算好運時間，打拼力量就會事半功倍。

5.紫微在辰

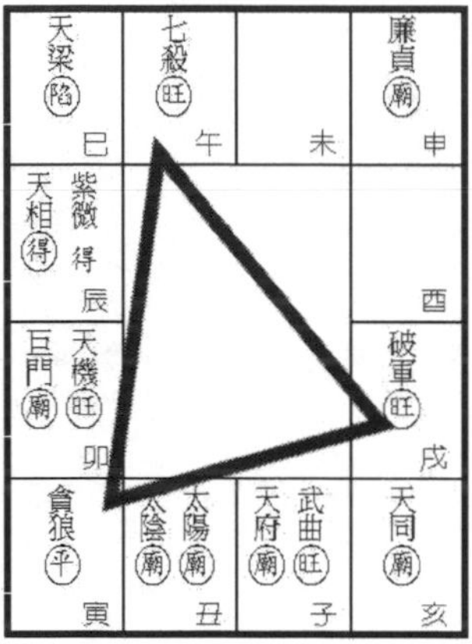

11.紫微在戌

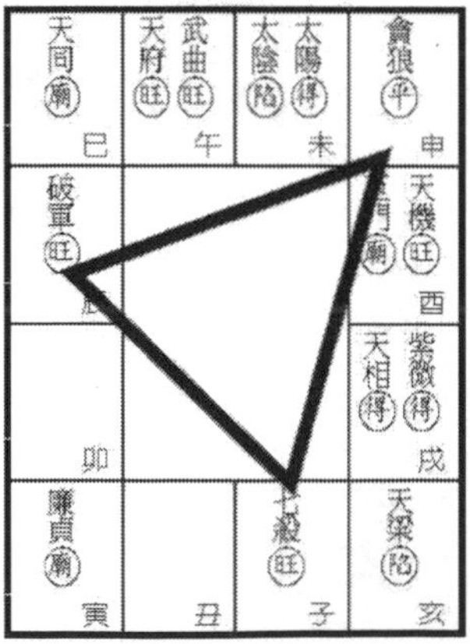

七殺在辰、戌宮：此時七殺居廟。對宮有『廉貞、天府』相照，表示你很忙碌，你外在的環境是須要應酬交際的環境，所以你多半忙著跟人哈拉。廉貞居平，天府居廟，外界環境是一個小財庫，你並沒多花腦筋在賺錢。所以只賺簡單的錢。三合宮位的『貪狼居旺』，和『破軍居得地之位』。

『貪狼居旺』代表運氣超好，因對宮有紫微相照，這是一種高高在上、極盡驕傲的運氣。這種運氣只能做高貴的事，無法做低下的事。所以你在打拼時會有選擇性。有點好高騖遠。

『破軍居得地之位』表示破軍打拼的能力只有六十分，剛及格。這也表示它開疆擴土的能力並不太好，是勉為其難的。耗損也會多一些。所以這一組『殺破狼』格局是韻氣好，只會交際應酬。它打拼的方式就是『交際應酬』。或用錢財買通並不真的用勞力血汗去賺取的。

7.紫微在午

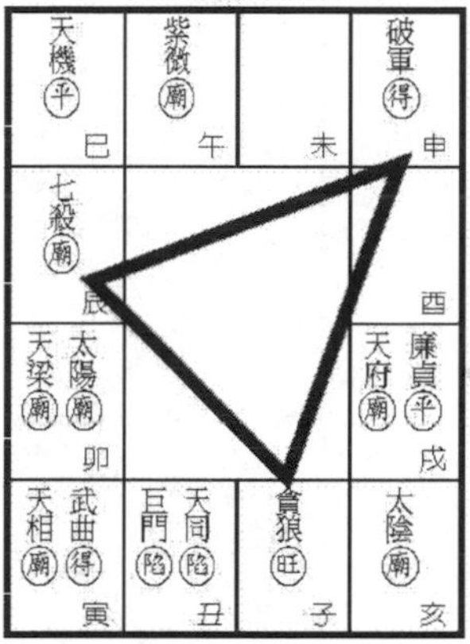

1.紫微在子

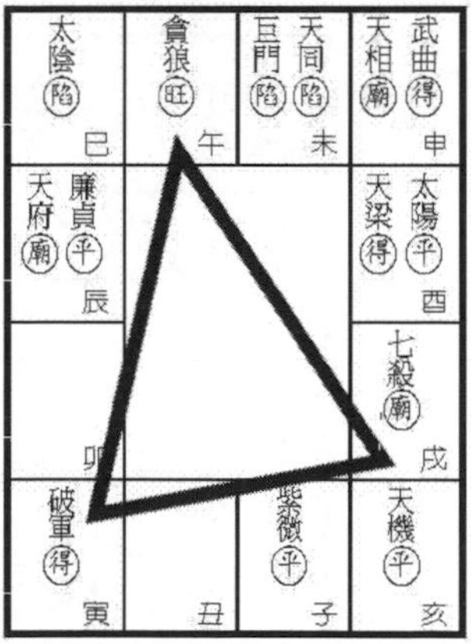

七殺在寅、申宮：此時七殺居廟。對宮有『紫微、天府』相照，表示你周圍的環境是一個國家級的大財庫。你會為這個財庫豐盈而打拼。打拼能力是極強的。但通常你的打拼是跟隨著高級享受一起的。也就是說：你會很努力打拼但總不忘慰勞自己的辛苦。會努力後享受一下。三合宮位有『貪狼居廟』及『破軍居廟』。『貪狼居廟』表示說好運一級棒。因為對宮有『武曲』，會形成『武貪格』

暴發運格。人生有極好的暴富運氣，所以這也是極高的運氣了。

『破軍居廟』表示說打拼能力一級棒，開拓及除舊佈新的能力也一級棒。當然破壞能力也強囉！所以他們是真正打拼實力派的人。而且不怕破壞，重建能力也很強。

3.紫微在寅

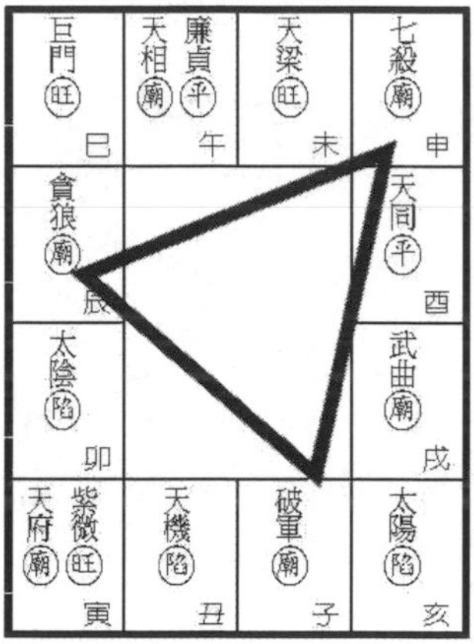

9.紫微在申

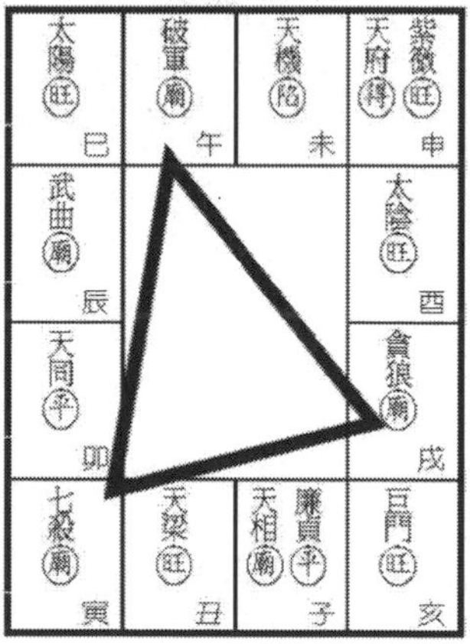

『殺破狼』的架構決定了你的打拼能力，看你能夠付出多少辛勞，方式對不對？繼而產生收穫的結果就一目瞭然了。

很多人的『殺破狼』的架構裡又出現了擎羊、陀羅、火星、鈴星、地劫、天空、化忌等刑星。是故，這『殺破狼』的架構之破洞更多。甚至會向其他歪的地方打拼或耗費精力及錢財。這真是白費了這個增進努力的良好格局了！

『殺破狼』加刑星所代表的意義

『七殺、擎羊』：代表尖刺型的殺伐刑剋。會有深層撕裂傷，大量流血。也代表陰險狡詐想得多，頭腦不清，會刑剋別人也害己。因雙星五行都屬金，擎羊屬火金，故會有金屬及交通事故的災難。在『命、財、官』、『夫、遷、福』及『兄、疾、田』、『父、子、僕』等宮，都會有得大腸癌、肺癌、乳癌的危險。其人的運氣或時間走到該宮位，也會四肢無力，軟趴趴。無法振作打拼。因此會成塌陷的一角。

『七殺、陀羅』：代表笨又頑固，強制要蠻幹，很操勞，不顧後果，最後白忙一場。也代表金屬棍棒所傷，表面磨破或鈍傷，會拖拖拉拉的很難好。在各宮出現，也是會有大腸癌、肺癌、乳癌的病況。當運氣走到『七殺、陀羅』時，你會頑固不通，自顧自地內心轉圈圈，一件事總是無法想通。心情悶，無法逃出內心的牢籠，只能笨在那裡。只要那個時間過去了就好了。

『七殺、火星』：代表性格火爆，突然爆怒而頭腦不清。有暫時性的精神病，也會容易染上時疫、流行傳染病。你的打拼只是一下子短暫的忙一會兒，很快的會停歇。但急性子火爆會有後遺症，你可能做下錯事，或下錯決定而吃虧。在病症上也是大腸癌、肺炎、乳癌等病症。

『七殺、鈴星』：代表性格古怪火爆又陰險，會突然搞怪發瘋而頭腦不清。

『殺破狼』格局出現在各宮所代表之意義

『殺破狼』格局出現在『命、財、官』

『殺破狼』格局出現在『命、財、官』等宮位，代表你本身就是命宮有七殺星或破軍星，或貪狼星的人。當然你的人生也是像『殺破狼』格局一樣每隔四、五年有一個高潮起伏。但這要看你的『殺破狼』格局的架構形式是如何？有沒有哪一角塌落垮下？只要是在居旺廟的一角，成功的機會就很大。塌落垮下的一角，當運氣逢到時，你便要特別小心別出錯，以防事業失敗。

不過，如果陷落的星或陷落的一角在命宮，其實也不用怕！因為也有一些人是這種命格，也會成功，例如前中共領導人之一的朱鎔基是『廉破』坐命的人，台灣立法院三寶及前立法委員林瑞圖也都是『廉破』坐命的人，這雙星都居平陷，但也貴為高階。又例如西安事變的主角張學良是『武破』坐命的人，雙星居平陷，也因在政治中插一腳，而名揚四海。

『殺破狼』格局出現在『夫、遷、福』

『殺破狼』格局出現在『夫、遷、福』的時候，代表你的內心很強悍。你身心操勞，環境也是讓你操煩不斷，動盪不已，你是能做大事情的人，不會拘泥於雞毛鎖事。因此在性格上也剛強、坦率，不拘小節，喜歡說話算話，討厭錙銖必較。做事一板一眼，凡事乾脆，不喜歡是非牽扯和謊話連篇的人。只要你的『殺破狼』格局沒有塌陷的一角，或沒有太多的刑星相剋，你就會有一定的社會地位和成就。

『殺破狼』格局出現在『父、子、僕』

『殺破狼』格局出現在『父、子、僕』等宮位的時候，你是『機月同梁』格的人，性格溫和聰明，喜歡家居生活，注重家人，也特別喜歡生活上的樂趣。但是你會和家人不合，思想觀念與性情、價值觀都不同。常很難說得通。例如：你是太陰坐命的人，你的父母宮是貪狼，你和父母彼此不瞭解。你的子女宮是破軍，你會生一個和你觀念不同，也不好教養的小孩。你的僕役宮是七殺，你會擁有較凶惡的朋友，讓你不好對付。所以你的煩惱多半在感情上的問題不好處理。還好你喜歡談戀愛，你的注意力較少放在孩子身上，較多放在配偶或情人身上，所以你煩心的事是不同的。因為你個性溫和，朋友較凶，是七殺。也是不好溝通的人，還好你都會跟自家兄弟姐妹黏在一起。因為兄弟宮有『天府星』。除非朋友已變為像兄弟姊妹的閨密了，否則你是一直對他們存有防備心的。

『殺破狼』格局出現在『兄、疾、田』

『殺破狼』格局出現在『兄、疾、田』的時候，你是機、月、同、粱坐命，或是太陽、巨門坐命的人。你們的兄弟姐妹容易說話不好聽，很強勢，也容易跟你們搶東西或玩具。而且他們和你的思想和價值觀都不一樣，簡直像是兩個世界的人。所以你常跟外面的朋友在一起。當『殺破狼』在疾厄宮時，表示你的健康狀況不是太好，你有家族的遺傳病症，當有羊、陀、火、鈴、劫空、化忌進入疾厄宮時，會有傷災、開刀和癌症的問題。當『殺破狼』在田宅宮時，表示你的財庫變化很大，不穩定。你也會房地產留不住。錢財會不多，同時你的生殖系統有問題，會有病症。女生是子宮易有病。男生是精囊或輸精管的問題。

第三節　用『機月同梁』格的架構來斷定『人生成就』

如何用『機月同梁』格的架構來斷定『人生成就』呢？

1. **首先要看『機月同梁』格中諸星的旺弱**。居旺的星多，表示此『機月同梁』格是優質穩定的格局，自然能持續的發展事業，能具有大成就。而且此格局中每顆星所代表的意義不同，所發展的富貴或名聲成就也都不一樣了。

2. **要看『機月同梁』格中各星，有無和羊、陀、火、鈴、劫空、化忌同宮**。且事要看和哪顆星同宮，各有不同的意思和刑剋。如果『機月同梁』格被刑剋的嚴重，例如多顆刑星在其中，而且也有數顆主星陷落，則其人會會不上班、不工作。若主星還有一半居旺的，又有一個羊陀或化忌在格局內，則會斷斷續續的上班。事業事有阻礙的。

機、月、同、梁＋刑星的意義

天機＋擎羊：天機居廟＋擎羊居陷（在子午宮），表示聰明厲害，但陰險。喜鬥爭，做陰險狡詐的事，也會坑矇拐騙，作惡多端。逢此運要小心傷災。雖聰明也容易被反制遭災。**『天機居平、天梁居廟』**＋**擎羊居廟**（在辰戌宮），表示有小聰明，愛耍鬼計，會有利益交換的照顧，但隨時會變卦。**天機居陷**＋**擎羊居廟**（在丑未宮），表示有爛計謀，強制要做，害人害己。此星所在的時間會有傷災和吃虧的衝突，要小心躲避。

天機＋**陀羅**：表面是笨的，聰明處不易看見。運氣也原地打轉。**『天機得地、太陰旺』**＋**陀羅陷**（在寅宮），表示聰明和財多，但陷阱多。也會有車禍、傷災。**『天機得地、太陰平』**＋**陀羅陷**（在申宮），表示雖聰明但財少，容易遇災。**天機居平**＋**陀羅**（在巳亥宮），愛耍愚笨和過期的小聰明，讓人扼腕。**天機居陷**＋**陀羅居廟**（在丑未宮），表示強勢蠻幹，做笨事也不認錯。

天機＋**火星**或**天機**＋**鈴星**：有奇怪的聰明，不會用在正當地方。不會用在讀書或工作及事業上。且性急，容易闖禍。

天機＋**天空**或**天機**＋**地劫**：表示有讓人意外的聰明。但不一定對他的人生有用。但是非會少一點。

天機化忌：**天機化忌居廟時**，表示有古怪想法的聰明。也表示有上下起伏不穩定不確定的運氣，小心手足之傷。天機化忌居平陷時，表示運氣往下墜，愈墜愈下沉，會落到谷底。會做超愚笨的事來當作聰明論。必有手足之傷。

太陰＋**擎羊**：**『太陰居廟、天同居旺』**＋**擎羊居陷**（在子宮），此為『馬頭帶箭』格。表示錢財和福氣都有，但有隱憂和傷災。會財福不全。**『太陰居平、天同居陷』＋擎羊居陷（在午宮）**，表示財福都少，傷災更嚴重，有致命之虞。**太陰居旺＋擎羊居陷、廟（在酉、戌宮）**，表示財多、情多、體貼多，但有外來的刑剋傷害，須小心。**太陰居陷＋擎羊居陷（在卯宮）**，表示財少又受剋，會傷及性命陽壽。**太陰居陷＋擎羊居廟（在辰宮）**，表示財少又凶，窮凶極惡，會傷殘有病痛。**『太陽居陷，太陰居廟』＋擎羊居廟（在丑宮）**，表示事業運不佳，但財運還好。本來做幕後或幕僚人員會薪資穩定。但是有擎羊刑剋，工作做不長。錢財也變少。**『太陽居得地，太陰居平』＋擎羊居廟（在未宮）**，表示事業運尚可，但薪資較低，存不到錢。有時會受連累遭災。

太陰＋陀羅：表面溫和又笨，內心很忿恨。會報復。**太陰居廟＋陀羅居陷（在亥宮）**，表示錢財和工作看似不錯，實際有出入，有短缺和不足。**太陰居廟＋陀羅居廟（在戌宮）**，表示會笨笨的做事和存錢，但成效稍差。**太陰居陷＋陀羅居廟（在辰宮）**，表示財少及窮凶極惡、有傷災、傷殘。**太陰居陷＋陀羅居陷（在巳宮）**，表示又笨又窮，脾氣也壞，人緣不佳。工作也常無。**『天機居得地、太陰居旺』＋陀羅居陷（在寅宮）**，表示聰明、財運好，但會東跑西跑有傷災。也會凡事拖延而損失錢財。**『天機居得地、太陰居平』＋陀羅居陷（在申宮）**，表示聰明還有，但財窮，又笨，傷災頻見。交通意外多。

『**太陰＋火星**』或『**太陰＋鈴星**』：太陰居旺時，會有古怪聰明去賺錢，偶而一票一票的做，但未必存得住。太陰居陷時，也有古怪聰明，但偶而才進財。會窮又耗財。

『**太陰＋天空**』或『**太陰＋地劫**』：表示錢財容易成空。感情也易成空。易無工作。太陰居旺時，若專心工作及錢財，仍可破除空劫。留得錢財和工作。

太陰化忌：表示月薪工作不長久，易換工作。及與女性不合，愛情不順，婚姻不順，儲蓄存不了，與銀行不合。

天同＋擎羊：『**天同居旺、太陰居廟**』＋**擎羊居陷**（**在子宮**），表示財福雖好，但有刑剋不足，財福不全。有傷災、病災。愛情不順。工作會斷斷續續。『**天同居陷、太陰居平**』＋**擎羊居陷**（**在午宮**），財福全無，窮困有傷災，易夭亡。**天同居平＋擎羊居陷**（**在卯酉宮**），表示為刑福格局，易傷災而亡。福少，財也不多，工作機會少。**天同居平＋擎羊居陷**（**在辰戌宮**），表示為刑福格局，多為人養子，福不全。也較窮困，工作不長久。有心臟疾病。『**天同居陷、巨門居陷**』＋**擎羊**（**在丑未宮**），表示福不全，有身體上的傷災，或心臟病，要開刀。工作機會少。

天同＋陀羅：表面是溫和、思想有些笨的。動作慢，不受人重視。在工作上也不討人喜歡。

天同＋火星或**天同＋鈴星**：表示既溫和又火爆性急，性格有衝突性，容易享不到福。人緣也欠佳。

天同＋天空或**天同＋地劫**：表示既溫和又少根筋，頭腦空空，會無福。也會聰明不是地方，聰明無用。

天梁＋擎羊：表示名聲會受損。考試的好運道會受損，不一定考得上。。與長輩或貴人的關係有芥蒂。長輩或貴人的幫助示有條件的幫忙，讓你如鯁在喉。

天梁居廟＋擎羊居陷（在子午宮）：表示貴人運受損，但會有智謀，強力應戰，會戰勝考試。只是會有小傷災或小不順。貴人會給你使絆子，自己信心堅強仍能成功。**『天機平、天梁廟』＋擎羊（在辰戌宮）**：表示只有小聰明的貴人還耍詐，陷害你。你未必會去考試，也不想受人幫助。你會報負。

天梁＋陀羅：表示名聲及貴人運受損。考試運會拖拖拉拉，會失敗。**『天機平、天梁居廟』＋陀羅居廟（在辰戌宮）**：表示不聰明的貴人又出笨招害你，讓你損失不小。**『天梁居旺』＋陀羅居廟（在丑未宮）**：表示貴人照顧人的方法是笨又蠻幹的，對你沒幫助。**『天梁居陷』＋陀羅居陷（在巳亥宮）**：表示沒有貴人，或貴人太笨，使你陷入災害。

天梁＋火星或**天梁＋鈴星**：表示名聲及貴人運只有一下子，很快會消聲匿跡。你在考試時也會粗心大意失荊州。要小心，可有救。

天梁＋天空或**天梁＋地劫**：表示名聲及貴人運很空泛，或無響聲。考試易成空。或考試取消。

『機月同梁』格影響人生成就

在你的『機月同梁』格中，若有兩個以上的星曜居陷，這表示你的『機月同梁』格較弱，在上班領薪的途中不順利。也會做做停停。**如果你的『機月同梁』格中出現羊、陀、火、鈴、地劫、天空、化忌，出現刑星多**個的，則固定上班族的工作將不長久，會中途中斷或改行。不過，在有些人的命格裡也未必不好，他可能會自己創業有更大發展。

第四節　用暴發格的架構來斷定『人生成就』

我們會在很多成功的大人物的命格中，發現到『武貪格』、『火貪格』、『鈴貪格』等地暴發格的身影。因此我不得不說：**此等『暴發格』是幫人推波助瀾、邁向成功最大的幫手了。**

例如：

一、『子午火貪格』或『子午鈴貪格』在夜裡子時和中午午時去簽。也是在子年或午年才會爆發得大。

二、『丑未武貪格』、『丑未武火貪格』、『丑未武鈴貪格』在夜裡丑時或下午未時去簽。會在牛年或羊年爆發得特大。

三、『寅申火貪格』或『寅申鈴貪格』在寅時或下午申時去簽。會在虎年或猴年爆發得大。

四、『卯酉火貪格』或『卯酉鈴貪格』在清晨卯時或傍晚酉時去簽。會在兔年或雞年爆發得大。

五、『辰戌武貪格』或『辰戌武火貪格』或『辰戌武鈴貪格』在早上辰時及晚上戌時去簽。會在龍年或狗年爆發得大。

六、『巳亥火貪格』或『巳亥鈴貪格』在早上巳時及晚上亥時去簽。會在蛇年或豬年爆發得大。

以上是暴發格所會暴發的時間。至於暴發日、暴發月、暴發年則要算流年、流月、流日才能得知。

世界上有三分之一的人有暴發運。而且絕大多數的人因有暴發運的助漲而事業成功，而有富貴。例如有演藝人員，一夕暴紅。有政治人物，暴發運幫忙選舉成功而登上高位。文職人員因暴發運而考試陞遷。軍警職人員因暴發運而立功升職。許多商人因暴發運而大賺錢財。如此的例子多得不勝枚舉。

例如：

(一)、用『鈴貪格』爆發的人

香港男歌手，在華人社會有「歌神」稱號，並被香港媒體獲封為「四大天王」的張學友，18歲時參加歌唱比賽出道，就是逢到蛇年的『鈴貪格』暴發運而一舉成名的。

張學友的八字是：

辛丑
乙未
甲辰　日主
辛未

張學友的命格中，日主『甲辰』是生長在濕地水旁之松木，喜歡丙火、庚金作用神。在他的命格中有三個正財、三個正官、四個劫財、二個正印、二個傷官。一個偏財。可以說『財官印』都齊全。是非常好的八字。當然最好的還是他的『鈴貪格』暴發運了。實際上在他的命格中只有一個偏財（戊土），必須逢運而發。剛好他18歲逢癸運，戊癸相合化火，逢火而發。這也是一個奇跡了。

張學友的紫微命格是『文曲化科』坐命亥宮，對宮有『廉貞、貪狼、鈴星』相照。本來遷移宮中有『廉貪』，是很糟的環境，到處不受人待見。但是有鈴星在遷移宮之後，就有突發的好運。其人生就有了重大的轉變。

本命『文曲化科』就是很有方法的運用自己的才能、才藝而出名。所以他以唱歌、演藝人員的身份而達到主富貴的地位。

張學友 的命格

遷移宮 廉貞 貪狼 鈴星 63 - 72 癸巳	疾厄宮 巨門化祿 右弼 地劫 53 - 62 甲午	財帛宮 天相 43 -52 乙未	子女宮 天同 天梁 陀羅 左輔 33 - 42 丙申
僕役宮 太陰 天空 73 - 82 壬辰	陰男		夫妻宮 武曲 七殺 23 - 32 丁酉
官祿宮 天府 文昌化忌 辛卯	木三局		兄弟宮 太陽化權 擎羊 火星 13 - 22 戊戌
田宅宮 庚寅	福德宮 紫微 破軍 <身宮> 辛丑	父母宮 天機 64 - 73 庚子	命　宮 文曲化科 3 - 12 己亥

(二)、用『火貪格』加『武貪格』，有雙重暴發運的人

理察・布蘭森命格：

庚寅
癸未
日主 甲寅
丁卯

理察・布蘭森是英國維珍集團的董事長。少年窮困，靠母親給的一百英鎊起家賣CD，1984年成立維珍航空，並於1980年代中期和1990年代早期乘坐熱氣球穿越大西洋和太平洋。後來建立龐大的商業帝國，公司集團旗下包括：維珍航空、維珍銀河、維珍鐵路、維珍電訊、維珍可樂、維珍能源，連鎖零售店維珍唱片行，以及維珍金融服務。維珍電台、維珍銀河等公司。

布蘭森的日主是『甲寅』。『甲寅』是碩果品彙之木，是一種高級的果木，必須有人持刀看守才可，故用庚金做用神。在他的命格中，有兩個戊土偏財在『寅』中，是故一定會暴發。

理察・布蘭森　命盤

父母宮 巨門 右弼 14 - 23　辛巳	福德宮 廉貞 天相 破軍 24 - 33　壬午	田宅宮 天梁 文昌 文曲 陀羅 34 - 43　癸未	官祿宮 七殺 祿存 天空 44 - 53　甲申
命宮 貪狼 火星 4 - 13　庚辰	庚寅 癸未 甲寅 丁卯	陽男 金四局	僕役宮 天同化科 擎羊 左輔 54 - 63　己酉
兄弟宮 太陰化忌 己卯			遷移宮 武曲化權 64 - 73　<身>　丙戌
夫妻宮 紫微 天府 地劫 戊寅	子女宮 天機 己丑	財帛宮 破軍 戊子	疾厄宮 太陽化祿 74 - 83　丁亥

布蘭森的紫微命格是『貪狼、火星』坐命辰宮。對宮又有『武曲化權』相照，這是『火貪格』加極強的『武貪格』的雙爆發運的格局，故怎能不富？不過『火貪』坐命的人性格古怪，是無庸置疑的。也喜歡冒險。現今雖已七十多歲了，仍坐自家的維珍銀河的的太空船來到地球與太空交界處，並在約 40 多分鐘後返回地球。完成平生狀志。

布蘭森每逢龍年、狗年都會爆發偏財運，龍年爆發的是運氣。狗年爆發的是錢財。所以他的事業會愈來愈強大。

(三)、學術人士的爆發格

史蒂芬・霍金的命格：

辛巳
辛丑
日主　辛酉
甲午

史蒂芬・霍金的日主為『辛酉』。『辛酉』為珍貴的珠玉。辛祿在酉，故為朝廷重寶，是非常名貴珍惜的物品。此種命格的人，只需有水出干，並且要沒有木，沒有火，且無庚沖刑害，就會成為至尊至貴的命格。但在他的命格中在時柱上出現甲午，『午酉相破』，使命格精華盡失，所以身體會有漸凍症的病症。但他仍在學術上努力不懈。

在霍金的八字格局中只看到一個甲木正財，並無其他偏財星。講起來他是沒有偏財運的。但在紫微命盤的盤局中，在田宅宮有『火貪格』。是『紫微、貪狼、火星、祿存』。他會在兔年和雞年都會有偏財運。兔年較輕，雞年較大。而且會在34歲到43歲的大運中有最大一次的偏財運。果然不假！他在1981年（辛酉）被授予法蘭克林獎章。又獲頒英帝國司令勳章。並在此年與商業出版社簽約書名為《時間簡史》的書，因此得到一大筆預付款。該書於1987年（丁卯）出版發行。這本書快速暢銷排行榜第一名，很快地就賣出一百萬本。當然他又得到大筆版權費。此後的卯年跟酉年的偏財運可能都會較小。不過他在60歲之後走的是正財運，也會有很大的富貴的。

史蒂芬・霍金的命格

兄弟宮 武曲 破軍 天空 地劫 14 - 23 癸巳	命　宮 太陽化權 4 - 13 甲午 <身宮>	父母宮 天府 乙未	福德宮 天機 太陰 丙申
夫妻宮 天同 文昌化忌 鈴星 24 - 33 壬辰	陰男		田宅宮 紫微 貪狼 火星 祿存 丁酉
子女宮 34 - 43 辛卯	金四局		官祿宮 巨門化祿 文曲化科 擎羊 戊戌
財帛宮 左輔 44 - 53 庚寅	疾厄宮 廉貞 七殺 54 - 63 辛丑	遷移宮 天梁 右弼 64 - 73 庚子	僕役宮 天機 太陰 74 - 83 己亥

(四)、政治人物的爆發格

美國總統拜登的命格：

壬午
辛亥
日主 丁丑
己酉

美國總統拜登的日主是『丁丑』。『丁丑』是鑽木取火中的火花。鑽於木，就要利用甲木為引燃。以甲木為用神。利用石頭激出火花，便要用庚金做用神。一定要火土乾燥才能引燃。若四柱支上有辰丑，支聚西北二方，丁火就會滅了。

在拜登的命格中，有三個偏財辛金。並在日支與時支形成『丑酉會金局』之財局。所以他早年辛苦，老運才富貴。這也是他六十歲以後的事了。目前他到八十歲都會走在這個財局上。會為他的家族創造數十億萬的財富。

拜登的紫微命格是『紫微化權、天府、天空』，對宮有『七殺、地劫』相照。『紫微化權』就是強力要復建的意思。『紫微化權、天府』就是原本有些窮，想要強力復建變有錢、變有積蓄。有『天空』在命宮，表示想法空泛，不一定能實行。又有對宮遷移宮的『七殺、地劫』，表示所忙所打拼的事被別人劫走了，白忙一場。

美總統 拜登 命盤

田宅宮 巨門 34 - 43 甲巳	官祿宮 廉貞 天相 44 - 53 丙午	僕役宮 天梁化祿 54 - 63 丁未	遷移宮 七殺 地劫 64 - 73 <身宮> 戊申
福德宮 貪狼 24 - 33 辰	陽男 日主 壬午 辛亥 丁丑 己酉	金四局	疾厄宮 天同 74 - 83 己酉
父母宮 太陰 14 - 23 卯			財帛宮 武曲化忌 陀羅 火星 84 - 93 庚戌
命宮 紫微化權 天府 天空 4 - 13 壬寅	兄弟宮 天機 文昌 文曲 左輔化科 右弼 辛丑	夫妻宮 破軍 擎羊 鈴星 庚子	子女宮 太陽 祿存 辛亥

拜登的偏財運很怪。本來壬年生人有『武曲化忌』，是不會發的。但拜登的財帛宮是『武曲化忌、陀羅、火星』。火星和福德宮的『貪狼』形成『火貪格』。所以他還是爆發了。這是因為他的八字中原本就含有三個偏財的原故。接下來他走到龍年還會發。可能還會成為美國歷史上最有績效的總統。

第四章　有權、祿、科在命宮及三合、四方宮位容易成功

在紫微斗數中，對人類成就，實際有加分意義的星曜，就是化權、化祿及化科。實際加分的多寡，則以其所跟隨主星之旺弱而有所不同。勝負即可分辨了。另一方面，化權、化祿及化科實際在命宮，或在三合宮位的財帛宮、或官祿宮所存在的意義也大不相同，自然旺弱的力道也有所分別。更別說在四方宮位的命、遷、子、田等宮位，意意又是大不同了。

第一節　『化權』在命、財、官

當『化權』在命宮、財帛宮或官祿宮時，表示該人的命格主體是具有強制的主導能力的。

當『化權』在命宮時，要看是跟隨著什麼主星？也要看主星的旺弱，才能定這『化權』是否有用？例如：

『**太陽化權』居旺在午宮**，表示事業很昌旺，在男人世界裡能呼風喚雨。對男人有影響力，也同時對國家、學校、政府機關有影響力。因對宮有居廟的天梁，所以能名揚四海。例如英國物理學家，也是宇宙學家的史蒂芬·威廉·霍金就是命格是『太陽化權』居旺在午宮的人。他們自我主見很深，能開發並創造新的學說來影響世界。他相信時間也是存有裂縫的，靠著這個裂縫，人類的確可以找到時光隧道，霍金把它稱為「蟲洞」，回到未來或是回到過去，有待科學界克服。

倘若『太陽化權』是居陷的話，例如在戌、亥、子、丑等宮，『化權』就無力，太陽也陷落無光，也不太會有聲名的事業和成功了。

美國總統拜登的紫微命格也有化權，是『紫微化權、天府、天空』。『紫微化權』是強力要修復，強力要變好。這也和政治有關，更是強力要掌權來修復變好。因為這個『紫微化權』和天府在一起，是故他是堅決要掌財權，才能修復變好的。所以『紫微化權』會帶有強制性對待別人，自己想怎樣就怎樣的霸道行為。

『化權』在命宮，是本身性格堅定、強力要當家做主掌握權力。自制力很強，也喜歡管別人。說一不二，講話有份量，不容他人置疑。在團體中是主要拿主意的人。

『破軍化權』在命宮

甲年生有『破軍化權』在命宮時，『破軍化權』居旺時，表示其人性格豪邁，不拘小節，強力要改革舊勢力與文化，要打破傳統。『破軍化權』命格的人很有幹勁，強力要打拼，喜歡創業，開拓業務。他們也會有些自私，為了自己的事業會犧牲別人。如果『破軍化權』居平陷位置時，化權力弱，但還是愛管，但不一定管得好。**例如：『武曲化科、破軍化權』同宮時**，這是甲年生人，『武曲化科、破軍化權』都在平陷之位，表示說他自以為很有方法管錢理財，所以強力要管錢，但結果不一定好，可能愈管愈窮。愈入不敷出。

又例如：『廉貞化祿、破軍化權』同宮時，這是甲年生人，『廉貞化祿』居平，『破軍化權』居陷。這表示有特殊愛好，玩物喪志。或喜歡酒色財氣，喜在煙花之地或酒肆之地流連。因有擎羊在卯，不是在對宮，就是同宮，故有『刑印格局』，會懦弱怕事，容易一事無成。但若大運和流年好，也能有成就。台北市議員林瑞圖即是此命格的人，最高做到立法委員。

『天梁化權』在命宮

乙年生有『天梁化權』在命宮的人，表示本命蔭星很強，是強力能得到照顧的人。**『天梁化權』居旺廟時**，表示有蔭庇，能考試高中狀元，也能名揚四海。更能吸引很多的年紀稍比他大的人，來照顧他，成為他的貴人。同時他也有強力的桃花吸引異性，或女性。例如：國父孫中山先生是『天空』坐命酉宮，對宮遷移宮中有『**太陽、天梁化權**』，因此在辛亥革命的募款上，他是有很多貴人大力相助的。

又例如：**乙年生有『天機化祿、天梁化權』**，表示做上班族、薪水族的工作，薪資好，又有貴人運強力的在介紹與照顧，非常穩當。你還有出名的機會，一生平順享福。

如果有『**天同、天梁化權**』**在寅宮時**，天同居平，天梁化權居廟，表示雖有貴人強力在照顧，但仍喜歡忙碌平順的生活。你喜歡愛管別人閒事。

如果有『**天同、天梁化權**』**在申宮時**，天同居旺，天梁化權居陷，表示你很愛玩愛享受，根本對事物愛管不管。也不喜歡別人對你的照顧，你認為照顧太多，其實在多管你的閒事，很不領情。

當『**天梁化權**』**居陷時**，表示化權無力，貴人也無力。該人會對事情愛管不管。或一會兒要管，一會兒又不管了。有些麻煩。

『天機化權』在命宮

丙年生有『天機化權』在命宮的人，表示頭腦聰明，古靈精怪，喜歡東想西想，對人懷疑心重，常想東想西就事已成真，讓你不得不佩服自己的先見之明或高瞻遠矚。在你的人生中充滿變數。當『天機化權』居旺時，表示你能掌握你的聰明和好運時機得到翻身機會。你會是高薪的上班族，做管理階層的工作。

當『天機化權、巨門』在命宮，因雙星俱在旺廟之位，你特別聰明，有超等智慧，口才犀利，會在學術文化上與人競爭，會具有高職位與大成就。

當『天機化權、太陰』在命宮，在寅宮時，天機化權在得地的位置，太陰是居旺的，因此是會掌握聰明機智把握時機，做上班族的事情，薪水會多一些。在申宮，太陰居平，表示聰明機智是有，但財不多。

當『天機化權』居平陷時，表示化權無力，你也只有小聰明，或根本不聰明。你也不想管事。你會時常耍弄一些小聰明，挑動一些是非來顯露你的聰明，讓人不勝其煩。

當『天機化權、天梁』在命宮，天機化權居平，天梁居廟，表示外表聰明，但還是靠貴人運在支撐著。

『天同化權』在命宮

丁年生有『天同化權』在命宮的人，居旺廟時，表示天生有福氣享福，而且自然而然能得到權力掌權。凡事都能水到渠成，不費吹灰之力。別人天性自然信服。他是用一種溫和的力量掌握服眾的權能。同時他也是非常世故老成的人，能洞悉人間內心的權謀奸詐，將之化為和諧良善的氣氛。你能化戾氣為祥和，眾望所歸。所以能糾合一盤散沙的人們，使之發揮力量，成就大事業。

當『天同化權』居平陷時，化權無力，你是想玩又不敢玩，想掌權管事又管不了，心理嘰嘰咕咕，是非很多。也並不敢表達。

當『天同化權、天梁』在命宮時，在寅宮，天同化權居平，天梁居廟，你想玩不敢玩，你天生有一些責任要負，你愛聊天表示自己有責任感，其實沒做什麼。**在申宮**，天同化權居旺，天梁居陷，表示你很有主見的去享福玩樂了，你根本不在乎別人的批評。而別人也沒對你批評或議論。

當『天同化權、太陰化祿』在命宮時，在子宮，雙星都是居旺廟的，表示自然而然的用一種溫和的力量掌握服眾權能，並能體貼多情的帶財給大家。所以該人能不費吹灰之力的享福，而大家竭力的擁戴他、接受他的領導。**在午宮**，天同化權居陷，太陰化祿居平，表示化權及化祿都無力，用溫和力量服眾的能力很弱，更缺乏財和體貼的心意。所以沒人在乎你的存在。

當『天同化權、巨門化忌』在命宮時，無論在丑宮或在未宮都是俱陷落的。表示你容易有先天性疾病，身體會有傷殘現象。有心臟方面的毛病，或胸骨畸形，或耳病。你會無法正常工作。常會為了開刀而忍受痛苦。因為會有擎羊在未宮出現。所以你的人生被限制住了。

『太陰化權』在命宮

戊年生有『太陰化權』在命宮的人，居旺廟時，表示對女性有說服力，也會喜歡存錢和買房地產，你容易做和金融及銀行有關的行業。你喜歡談戀愛，而且絕對掌握有愛情的主導權。你喜歡講人情做事。也喜歡指使別人做事。你容易在金融界掌握財權，及具有高地位。

當『**太陰化權』居平陷在命宮的人**，化權無力，本身能掌握的財少。你凡事會愛管不管，算錢沒那麼精，也沒那麼愛買房地產了。你跟女性的關係不算好。

當『天同、太陰化權』在命宮時，在子宮，雙星都是居旺廟的，表示你能過溫和舒適又掌財權的日子。容易在金融機構或房地產業坐上高位，及管理階層。遷移宮有擎羊，競爭很激烈。但事業也是會有起伏，因為官祿宮有『天機化忌、天梁』之故。**在午宮時**，雙星居平陷之位，又有擎羊同宮，本身刑剋很重，有傷災和財窮的困擾。也無法有成就。

當『天機化忌、太陰化權』在命宮時，在寅宮，雙星在旺位，表示有古怪的聰明，和古怪的運氣，雖然你依然對女性有影響力和說服力，但在掌握財權和房地產方面並不順利。你會在事業工作上反覆重新開始，成績遭到打折。**在申宮**，天機化忌在得地的位置，太陰化權居陷，表示古怪的聰明和運氣成為你的負擔，讓你無法多賺錢和掌握房地產。你會和女性不合，能享受的財福少。

當『太陽、太陰化權』在命宮時，在丑宮，因太陽陷落、太陰化權居廟，表示你在男性面前很靦腆，在女性面前很有主導權。同時也表示你管理財務很好。更表示你的工作多半是類似幕後、或輔助性質如會計、秘書、助理之類的工作。你會不喜歡到檯面前表現自己，喜歡在幕後策劃主導一些賺錢的事。你希望掌握財權較實際。在未宮，太陽居得地，太陰化權居陷。表示你在男性面前還陽剛，在女性面前說服力不強。你會工作正常，但對財務愛管不管。也會無法掌握財權。

你天生有點頭腦不清，對理財是有問題的。

『貪狼化權』在命宮

己年生有『貪狼化權』在命宮的人，居旺廟時，表示你本身是個強力有好運的人。無論你想做什麼，只要你想做，你一定都能完成和得到你想要的。貪狼化權也是強力要貪心。當然你所貪心的最大的東西就是權力和財富了。其他就是一些風花雪月的戀愛史了。所以你的貪心是你事業成功的原動力。有『貪狼化權』居旺的人，運氣比別人好十倍、百倍。一定會做大將軍和大老闆。

當『貪狼化權』居陷時，你會愛貪不貪，蠻不在乎，好運的機會也沒那麼多。你會有時候很蠻幹，有時候很洩氣。

當『紫微、貪狼化權』在命宮時，是紫微居旺，貪狼化權居平。表示你長相體面俊美、有強勢掌權之氣。你有大將之才，適合做大將軍或單位主管階級。也適合做老闆，但要請專門的會計人員協助做帳。你的好運雖不是很多，但紫微都幫忙你將之恢復平順，所以長治久安之下，你長期的過舒服日子，實際打拼的機會不多。所以『貪狼化權』帶給你的只有外表的氣勢懾服人罷了。

當『武曲化祿、貪狼化權』在命宮時，因雙星皆居廟位，權祿相逢，這是最強的組合。武曲化祿是財星加祿星，有雙倍的財富。『貪狼化權』是強勢的好運。並且這是一個『武貪格』中最強勢的爆發格。會爆發偏財運，以及事業上的爆發旺運。由這個旺運，你能得到財富和名聲、地位。如果有擎羊同宮或在對宮，要小心帶有傷災的暴發運。

當『廉貞、貪狼化權』在命宮時，因雙星俱陷落，表示你做軍警業依然事很好的，能強力立戰功，得到獎賞。雖然你常想貪心一些東西，但總貪不到，很是洩氣。如果有火、鈴同宮或在對宮，就會有『火貪格』、『鈴貪格』的暴發運，貪狼化權能增強此暴發運的力道，人生就會翻盤改寫，成為人生勝利組了。

『武曲化權』在命宮

庚年生有『武曲化權』在命宮的人，居旺廟時，表示你天生愛掌財權，也愛掌兵權。所以只要命宮有『武曲化權』的人，無論旺弱，都愛管錢和支配戰力，及政治籌謀。而『武曲化權』居廟旺時，你同時具有強勢的『武貪格』暴發運，你能加強自己的籌謀，能得到更大更強的好運機會，使自己一飛沖天，得到大功勞與大成就。造福別人，也能為自己創造大財富。

『太陽化權』在命宮

辛年生有『太陽化權』在命宮的人，居旺廟時，表示你天生對男性、雄性有影響力及說服力。你喜歡工作，也易於在政府機關、政治場合、學校、大學等地方工作。因為你命宮的對宮、三合或四方宮會有『巨門化祿』。如果再有居旺的『文曲化科』幫忙，你能在事業上一飛沖天，名揚四海。研究宇宙學的英國科學家霍金就是『太陽化權』坐命午宮的人。如果『太陽化權』居陷在命宮的人，你可以做幕僚在幕後掌實際權力，也一樣能成就大事業。

『巨門化權』在命宮

癸年生有『巨門化權』在命宮的人，居旺廟時，表示你天生對人們、對群眾有說服力。你適合搞群眾運動、做演講家、老師、律師、參加選舉、推銷員、仲介人士。你喜歡說話，會說個不停，也喜歡吃東西，會吃個不停。你用嘴的時間長，也不會累。有『陽梁昌祿格』的人會有高學歷，成就的事業較高尚。沒有貴格的人，會做一般上班族。命格低的人會做騙人的勾當。

第二節　當『化祿』在命宮

『廉貞化祿』在命宮

甲年生有『廉貞化祿』在命宮的人，居旺廟時，表示你天生喜歡蒐集物品。你的桃花強，男人喜好女色。女性易做小三。你也能靠蒐集物品致富。你多半會往商業上發展。你能成為最務實的商人。但如果有祿存同宮或在對宮時，你只能做衣食溫飽的普通人了。最怕有陀羅同宮或在對宮，恐形成『廉貪陀』之『風流彩杖格』，會有緋聞丟臉的事發生，影響名譽。

『天機化祿』在命宮

乙年生有『天機化祿』在命宮的人，居旺廟時，表示你天生是個上班族、薪水族。你的智商和EQ都很高，天生圓滑，在工作上得心應手。會有很好的老闆照顧你，並手把手的教你成就大事業的真正訣竅。如果你有貴格，對宮或三合宮位還有天梁化權。你成就大事業與揚名四海的機會就指日可待了。

『天同化祿』在命宮

丙年生有『天同化祿』在命宮的人，居旺廟時，表示你能享一切的福氣，而不被人所嫉妒。你天生圓滑世故、會做人。你也做一切的事情會水到渠成。大家都不想為難你。因為跟你在一起才會享福。所以順著你、黏著你就好。只要有居旺的天機化權在三合宮位相照合，你會在事業上高人一等。也能因人而貴。

『太陰化祿』在命宮

丁年生有『太陰化祿』在命宮的人，居旺廟時，表示你的情感豐富，戀愛機會多。你也會非常有經濟手腕，既會理財，又會存錢。由其房地產也很多。你很會運用柔情攻勢得到你所想要的東西。你和女性的感情較好，和母親、姐妹、女兒感情好。但你會多愁善感，運氣運轉弱運時，你又心情無法忍受了。

『貪狼化祿』在命宮

戊年生有『貪狼化祿』在命宮的人，居旺廟時，表示你外表挺拔迷人，你自知自己有很多強項優點，所以會內心有些驕傲。你會貪心一些高於你本身能力的東西。如權力和金錢等。你的交際手腕特強，非常圓滑，從不得罪人。遇到氣氛不好時，就很快溜走。如果你的環境超好，是紫微或武曲。你就能有超出常人的成就了。（因為三合宮位無法遇到權、科）

『武曲化祿』在命宮

己年生有『武曲化祿』在命宮的人，居旺廟時，表示你會在錢財上努力。也能得到一定的財富。但你會性格上有些市儈。因為你會為了錢財而勢力眼。也會為了錢財而圓滑巴結人。不過你一定都能賺到錢。有貴格的人能賺大錢，有大財富。

『太陽化祿』在命宮

庚年生有『太陽化祿』在命宮的人，居旺廟時，表示你跟男性特別投緣。男性都肯聽你的話，又特別喜歡你。你本身也有些陽剛氣，不喜歡扭扭捏捏、或陰陽怪氣的人。你會得到男性貴人莫大的幫助。也能做大官，做大事。如果有貴格，可名揚四海。

『巨門化祿』在命宮

辛年生有『巨門化祿』在命宮的人，居旺廟時，表示你口才好，太會說話，像蜂蜜一樣黏人。你的父母和老闆都超愛你，但同事和兄弟都嫉妒你，和你不合。你最好運用這項長才多認識外人，這樣才能靠口才多賺錢。有貴格的人及對宮或三合宮為有太陽化權的人，一定會有大成就。

『天梁化祿』在命宮

壬年生有『天梁化祿』在命宮的人，居旺廟時，表示你有天上的神明在保佑你。再有貴格，就能具有高學歷與遠大的前程。命格是『天梁化祿』也表示具有包袱的人。在他的人生中必須要完成一些重要的任務。前總統李登輝就是『天梁化祿』坐命的人。

『破軍化祿』在命宮

癸年生有『破軍化祿』在命宮的人，居旺廟時，表示你一直是為了要花一筆錢而找錢來花。你是為破耗而找錢來破耗的人。你會大手大腳的花錢，絲毫不擔心日後欠債的問題。你總覺得『關關難過關關過』。但是你旁邊的人卻每日為你心驚膽顫，最後各自逃走。

第三節　當『化科』在命宮

在四化的化權、化祿、化科、化忌當中，化科是力量最薄弱的了。『化科』的意思就是『很有方法做…』。當然它所跟隨的主星就是它要做事的方向與成果。若主星居旺，也可做得成。主星居陷，就十分無力了。化科也是文星，有文質氣質，必須主星居旺才看得出來。主星陷落時就沒感覺了。

『武曲化科』在命宮

甲年生有『武曲化科』在命宮的人，居旺廟時，表示其人很有方法的會賺錢。它只會和七殺、破軍或刑星同宮或在三合遇到。所以成功的機會很小。

『紫微化科』在命宮

乙年生有『紫微化科』在命宮的人，居旺廟時，表示其人很有方法的復健成功。也會愛時髦、裝高尚。很有方法的打扮自己。當有危險或危機時，有辦法轉危為安。

『文昌化科』在命宮

丙年生有『文昌化科』在命宮的人，居旺廟時，表示其人外表斯文，文筆佳。是很有方法的展現氣質的人。

『天機化科』在命宮

丁年生有『天機化科』在命宮的人，居旺廟時，表示其人是很有方法表現聰明的人。你也很會利用很多方法製造轉機。

『右弼化科』在命宮

戊年生有『右弼化科』在命宮的人，居旺廟時，表示其人會很有方法的利用平輩的助力來幫助自己。這個平輩助力是來自女性的、保守的助力。另一方面也表示你會很有方法的賴在家裡。你認為家裡最舒服。

『天梁化科』在命宮

己年生有『天梁化科』在命宮的人，居旺廟時，表示其人會很有方法的尋找貴人。你也會照顧人。你更會很有方法的信宗教拜神。信仰虔誠。

『天同化科』在命宮

庚年生有『天同化科』在命宮的人，居旺廟時，表示你會很有方法的享福。你也很會做人，很世故，做人面面俱到，讓大家都稱讚你。

『文曲化科』在命宮

辛年生有『文曲化科』在命宮的人，居旺廟時，表示表示你很有方法展現才藝。你能在才藝方面出人頭地。你的口才好，很會說話，天生討人喜歡。也很會唱歌跳舞。若居陷時，這些優點全無。

『左輔化科』在命宮

壬年生有『左輔化科』在命宮的人，居旺廟時，表示你會很有方法的得到男性平輩的幫助。同宮的星若是煞星，它也會助惡不助善。（左輔五行屬土，在辰戌丑未宮居旺）

『太陰化科』在命宮

癸年生有『太陰化科』在命宮的人，居旺廟時，表示你很有陰柔美麗、吸引人的氣質。你也很會談戀愛，你會多愁善感，讓人又愛又憐。自然你的記帳能力很好，文書能力強。也很會賺錢，更會買房子，裝飾房子。

第五章　八字可檢視主貴的人生成就

由每個人的八字來檢視可成功、可主貴的人生成就，其實是比用紫微斗數來看成功的時間大運，更為簡單及準確的。

但我們首先要瞭解『天干神煞起例表』中的貴星之所在：

天干神煞起例表（以年干橫看）

生年／貴星	天乙貴人（陽貴）	玉堂貴人（陰貴）
甲	未	丑
乙	申	子
丁	亥	酉
戊	丑	未
己	子	申
庚	丑	未
辛	寅	午
壬	卯	巳
癸	巳	卯

※天乙貴人為陽貴人。玉堂貴人為陰貴人。

所謂的『天乙貴人為陽貴人。玉堂貴人為陰貴人。』是指『陽貴人』是明著幫助的。『陰貴人』為『暗貴』，是私下暗地裡幫助的。其時這兩種『貴』，都會對人有幫助。

在看主貴和貴人運時，一種是由年干來對應四柱的地支，來選陽貴和陰貴。另一種，用日主（日干）來對應四柱的地支，來選陽貴和陰貴。

舉例說明：

（例一）、三個貴星，必然主貴有成就

澤倫斯基的命格：

丁巳
癸丑
日主 丁亥
丁未

烏克蘭總統澤倫斯基是1978年生的人，他的八字是『丁巳、癸丑、丁亥、丁

未』。日主是『丁亥』。『丁亥』為風前秉燭的燭光。最喜歡有壬官來合，為『有罩官燈』。其次喜歡有庚金在干上，稱為『墮鎮在手』，可掌兵權。但這些他都沒有！但是他有三個『丁貴在亥』。命格主貴。

日主是『丁亥』，『亥』為配偶之位。他能娶到能幫他主貴的老婆。據說：他的夫人幫他寫稿，發表了激奮烏克蘭人民的愛國心，一致抗俄。同時也幫他寫稿對歐洲國家的議會精彩的演講、募兵、募武器，使西方國家和他一起同仇敵愾，武器源源不斷的送到烏克蘭。

澤倫斯基的八字最須要甲木及庚金為用神。可是天干上沒有。而地支上年月支『巳丑會金局』，代替庚金。支上日時支『亥未會木局』代替甲木。金木都有了，勉強『墮鎮在手』。我看他每天錄影做心戰喊話很忙碌，這是很適合他的工作。他的八字時干為丁火，是第三個『丁貴在亥』，因此他主貴、聲名大好的年歲可至75歲左右。

澤倫斯基的紫微命格是『太陽、祿存、地劫』坐命午宮的人。對宮有『天梁居廟』。他在『子午卯酉』四方宮位有『陽梁昌祿』格。所以一定會有高知識水準，也一定會有成就的。別人看他從搞笑的諧星起家，因此看不起他。但殊不知那是他快速成名之法。所以一個諧星一躍而為總統，是不是反差很大？他的夫妻宮有『天同化權、天空』。『權、祿、科』全在『夫、福』二宮。表示他的思想和理念是天生很有條理，是一定會成功的。夫妻宮有『天同化權』，表示配偶能幫他自然而然地成功。然而在他的心中，也有一套能自然而然能成功的方法。有『天空』表示有時候不會用，有時候則會用，這是要看他是不是很想達成目標了。他的財運只是一般公務員的財運。他的命格主要是『主貴』，也就達成人生目標。你會奇怪他的官祿宮是『巨門化忌居陷、火星』，能做什麼？其實那只是表示他的工作紛爭很多，而且是一段又一段的，而且是突如其來的。事實上，在打仗，是不是突發事件很多呢？

有的人認為：將來在戰後，可能在烏克蘭會有人抗議他讓戰爭打那麼久，又毀壞太多家園，而要對他制裁。我認為：不會！因為他有『天同化權』。會保他一世平安。既不會被俄軍的槍砲打到，也不會遇到不公義的事情。因為他就代表正義。

並且他會在67歲至71歲的大運中，會有更出名的一次大事件。

烏克蘭總統 澤倫斯基 命盤

兄弟宮 武曲 破軍 陀羅 鈴星 12 - 21 乙巳	命　宮 太陽 祿存 地劫 2 - 11 丙午	父母宮 天府 擎羊 丁未	福德宮 天機化科 太陰化祿 <身宮> 戊申
夫妻宮 天同化權 天空 22 - 31 甲辰	陰男 日主 丁未 丁亥 癸丑 丁巳 水二局		田宅宮 紫微 貪狼 己酉
子女宮 文昌 左輔 32 - 41 癸卯			官祿宮 巨門化忌 火星 庚戌
財帛宮 42 - 51 壬寅	疾厄宮 廉貞 七殺 52 - 61 癸丑	遷移宮 天梁 62 - 71 壬子	僕役宮 天相 文曲 右弼 72 - 81 辛亥

（例二）、夾貴也是貴。

馬斯克的命格：

辛亥
甲午
日主 甲申
庚午

特斯拉汽車（TESLA）的老闆馬斯克的命格是：日主甲申生於午月。甲申是『巨木被砍斷後落入水中之木。』此木特別堅硬。甲木在午月虛弱枯槁，但馬斯克的命格中，有另一甲木在干上，助旺甲木。而且年支亥中有甲木長生，且有壬祿有水，可滋潤甲木。日支『申』中也有壬水長生，故能枝榮葉茂。在此命格中兩次『午申夾未』貴，有暗貴相夾。還有兩次『辛貴在午』，是陰貴。所以馬斯克的命格滿盤都是『貴』，雖都是陰貴、暗貴，但都有用。可在事業上創造不朽的功勞。同時也會在十歲、四十歲、五十歲、六十歲、八十歲等大運運程有很好的成就與名聲。

伊隆・馬克斯　命盤

僕役宮 地劫　天空 75 - 84　癸巳	遷移宮 天機　右弼 65 - 74　甲午	疾厄宮 紫微　破軍 55 - 64　乙未	財帛宮 陀羅　左輔 45 - 54　丙申
官祿宮 太陽化權　文昌化忌　鈴星 85 - 94　壬辰	辛亥　甲午　甲申　庚午	土五局	子女宮 天府　祿存 35 - 44　丁酉
田宅宮 七殺　火星 95 - 104　辛卯			夫妻宮 太陰　擎羊　文曲化科 25 - 34　戊戌
福德宮 天同　天梁 庚寅	父母宮 天相 辛丑	命　宮 巨門化祿 5 - 14　庚子 <身宮>	兄弟宮 廉貞　貪狼 15 - 24　己亥

從馬斯克的紫微命格看來，他命宮為『巨門化祿』坐命子宮，號稱『石中隱玉』格。官祿宮有『太陽化權居旺、文昌化忌居旺、鈴星』。財帛宮雖是『陀羅、左輔』，表示他進帳、出帳都會拖拖拉拉。這沒什麼大礙。『命、財、官』這組三合宮位有『權祿相逢』，呼應了他八字中貴多主貴的格局。雖有『文昌化忌』也在官祿宮，但『文昌化忌』是時系星，不好的運氣糾結一個時辰就過了，只要在此辰時不要算帳和簽契約就好了，問題不大。仍然能在工作上呼風喚雨，成為世界首富。

（例三）、三個陰貴所形成的成就。

霍金的命格：

辛巳
辛丑
日主 辛酉
甲午

這是英國研究宇宙學與黑洞的物理學家史蒂芬・霍金的命格。日主『辛酉』為珍貴的珠玉。辛祿在酉，為朝廷重寶。是非常名貴珍惜的物品。

霍金的八字本是非常秀麗的。三個辛金出干，支上又有巳酉丑會金局，金體為用。但有時柱上的『甲午』。甲是辛金的正財。而支上『午酉相破』，使命格的精華盡失。因此會得漸凍人的病症。但是三個『辛貴在午』（陰貴），全集中在午時上。因此在70歲以後聲名遠播。長年不墜。他也活到76歲。事實上，霍金在10歲、30歲、50歲、70歲等階段都有得獎和出名的成績，因此累積了很好的成就基礎。

霍金的紫微命格是『太陽化權』坐命午宮居旺。身命同宮，意志力堅強。他的『陽梁昌祿』格是由午子、辰戌等宮折射而形成的。田宅宮還有『火貪格』的爆發運，給了他主貴的運氣更大的助力。

史蒂芬・霍金的命格

兄弟宮 武曲 破軍 天空 地劫 14 - 23 癸巳	命宮 太陽化權 4 - 13 <身宮> 甲午	父母宮 天府 乙未	福德宮 天機 太陰 丙申
夫妻宮 天同 文昌化忌 鈴星 24 - 33 壬辰	陰男 金四局		田宅宮 紫微 貪狼 火星 祿存 丁酉
子女宮 34 - 43 辛卯			官祿宮 巨門化祿 文曲化科 擎羊 戊戌
財帛宮 左輔 44 - 53 庚寅	疾厄宮 廉貞 七殺 54 - 63 辛丑	遷移宮 天梁 右弼 64 - 73 庚子	僕役宮 天相 74 - 83 己亥

（例四）、陽貴陰貴都有，所形成的成就。

台積電張忠謀先生的命格：

	辛未
	乙未
日主	丙寅
	壬午

台積電張忠謀先生的日主是『丙寅』。『丙寅』是日升暘谷（太陽升在山谷上）。出生在白天的人，四柱有『午』，會為豪氣英雄之人。

此命局中是丙火生未月，未月己土當旺，會洩丙火之氣。幸支上寅午會火局，助長丙火。寅未六合，有雙未，丙火很旺。並且又有辛、壬出干，金水都有，不乾枯。

在他的命局中，辛貴在寅（陽貴），辛貴在午（陰貴）。陽貴陰貴都有，故在54歲以後走己運，62歲走戊運、丁運、丙運而發富主貴，聲名遠播。

台積電 張忠謀　命盤

僕役宮 天機 地劫 天空 75 - 84 癸巳	遷移宮 紫微 右弼 65 - 74 甲午	疾厄宮 55 - 64 乙未	財帛宮 破軍 陀羅 左輔 45 - 54 丙申
官祿宮 七殺 文昌化忌 鈴星 85 - 94 壬辰	壬丙乙辛 午寅未未	土五局	子女宮 祿存 35 - 44 丁酉
田宅宮 太陽化權 天梁 火星 95 - 104 辛卯			夫妻宮 廉貞 天府 擎羊 文曲化科 25 - 34 戊戌
福德宮 武曲 天相 庚寅	父母宮 天同 巨門化祿 辛丑	命　宮 貪狼 5 - 14 庚子 <身宮>	兄弟宮 太陰 15 - 24 己亥

（例五）、雙份的暗夾陽貴，所形成的成就。

德國哲學大師康德的命格：

	甲辰
	戊辰
日主	壬寅
	壬寅

德國哲學大師康德的日主是『壬寅』。『壬寅』是雨露滴入砂土之中，只見滴入，不見流出。倘若命局中庚辛壬癸都有，北方運會發達。若命局支成火局或太炎燥，會成頑鈍之人。此命局中，支上有兩辰、兩寅。土多。又有戊土出干，幸有甲木在年干制土。八字中無蔭星，缺少貴人和祖蔭。四柱無庚，專用壬水做用神。因為無庚，故是固執之人。生活規律，鄰居會在下午三點半鐘看到他散步經過，十分準時。

康德在大學四年級22歲左右（庚運末），父母相繼去逝，中斷學業，外出謀生。在鄉村擔任私人教師。1755年，康德重返柯尼斯堡大學。取得碩士（Magister）

學位，相當於今天的博士。

他開始授課。康德任教自然地理學、數學、力學、工程學、倫理學、自然科學、物理學、修辭學等學科。康德在柯尼斯堡大學任教期間先後當選為柏林科學院、彼得堡科學院、科恩科學院和義大利托斯卡那科學院院士。康德終生沒有離開過柯尼斯堡。1770年（46歲）康德被任命為邏輯和形上學教授；1786年（62歲）升任柯尼斯堡大學校長；1797年（73歲）辭去大學教職；1804年（80歲）因衰竭而病逝。他的著名思想是：絕對命令、先驗唯心主義、綜合命題、本體論等。

在康德的命格中，有五個偏官七殺。算是很凶的命格。沒有印星庚辛金。財星丙火（偏財星）也只在雙寅中出現。所以在55歲以後，地位漸高，薪資才較豐。一生都節儉度日。

由康德的紫微命盤我們更可看到此人的喜好跟個性。康德是『廉貞化祿居廟、祿存居廟』坐命寅宮的人。對宮有『貪狼居平、文昌居旺、右弼』。猛一看真不敢相信他終身未婚。因為『廉貞化祿』是雙倍的桃花星。通常都是愛喝花酒的人。但因為有祿存同宮，保守吝嗇約束了他。再加上遷移宮有居平的貪狼，和居旺的文昌，又有保守不愛外出，喜呆在家的右弼。因此形成終身不曾離開出生地。

康德未婚的原因是：在他的八字中，只有兩個偏財。男子命中要有兩個正財才會結婚有老婆。偏財都是露水姻緣，結不成正果。再加上他家窮，父母早逝，無人幫他張羅婚事。就算他勉強結婚了，結果也是不圓滿的。

據記載：康德的父母及姐妹兄弟多因疾病而亡，雖然康德自幼身體孱弱，但仍能活到80歲。康德是一個非常好交際的人，十分健談，這和他是『廉貞化祿』命格有關。經常邀請客人與他共進晚餐。因為晚餐的戌時，他剛好是『紫相』的運氣,所以講究晚餐是高級享受的晚餐美食。『講究吃喝,對美食有特別的偏好。』這是『廉貞化祿』的特點。他也喜歡蒐集特別的蒐藏物。我們看康德的僕役宮並不好，有『太陽化忌、太陰居平』，跟男性不合，對男女都人情淡薄。但他要教書賺錢，必要拉攏人心。幸而他會好幾種語言，德語、拉丁語。可幫牧師傳道，也可用來寫論文及教學生。康德的命格中財很少，但都能平安順利的得到資助。所幸他的身宮落在官祿宮，很喜歡工作研究與教書。他的官祿宮是『武曲化科、天府、文曲陷落、左輔』。表示說他很有方法的賺錢，也能存一些，但陷落的文曲會刑剋天府，所以存不多。『左輔』就是幫忙這種小安穩的工作狀況持續存在著。是既有錢賺，也存不多。

康德的『陽梁昌祿』格因為有太陽化忌，和沒有祿星在卯亥未三合宮位，故沒有貴格，所以他雖理論為後世敬仰，但無法因自己所學賺到錢。教書也只是糊

哲學家 康德 命格

田宅宮 天同 36 - 45 己巳	官祿宮 武曲化科 天府 文曲 左輔 46 - 55 <身宮> 庚午	僕役宮 太陽化忌 太陰 56 - 65 辛未	遷移宮 貪狼 文昌 右弼 66 - 75 壬申
福德宮 破軍化權 火星 26 - 35 戊辰	甲辰 戊辰 壬寅 壬寅	陽男 火六局	疾厄宮 天機 巨門 天空 76 - 85 癸酉
父母宮 擎羊 16 - 25 丁卯			財帛宮 紫微 天相 甲戌
命宮 廉貞化祿 祿存 6 - 15 丙寅	兄弟宮 陀羅 地劫 丁丑	夫妻宮 七殺 鈴星 丙子	子女宮 天梁 乙亥

口而已。像英國霍金因為有完美的『陽梁昌祿』格，而在晚年能寫書賺到大財富。

（例六）、八字中沒有貴格，人生不順利所衍生的後世成就。

明代哲學大師王陽明的命格：

壬辰
辛亥
日主　癸亥
癸亥

明代哲學大師王守仁，字陽明的日主是『癸亥』。『癸亥』是『還元之水』。它源自崑崙山（意指西北方），水氣通於乾亥，水天一色，聲勢浩大。命局中若有乙木，就能清風徐來，品德高貴。能做羲皇般的神仙之人了。就怕有巳亥相沖，也怕壬申相雜，會有不平靜的人生了。

王陽明的八字中全是水，可以說是金水無制。也是『冬水汪洋』。是奔波到老的命格。此八字本應用戊土為用神來制水。幸有一戊土在辰中藏支，為清貴。八字中無財星，官星太弱。而且八字中毫無陽貴及陰貴等星。也無相夾的貴星。故一生事業在他活著的年代無法成名掌大權。他的名聲及理論也是在別的朝代為他推廣的。

王陽明二十歲之前，家道富有。隨後癸丑大運是劫財運不斷破格，科舉失利。甲寅大運（25歲）是純傷官大運，洩水嚴重。傷官大運中，王陽明的官越做越小，丙寅年卯月本是有財運的年運，因上書參劾大太監劉瑾貪腐，遭到劉瑾的打擊報復，王陽明降至貴州修文縣的龍場招待所當所長。該地環境很嚴苛，在龍場必須與天鬥、與地鬥、與人鬥的過程中，他的思想境界在風雨中開花，也在苦難中升華，最終悟得大道。

傷官是傷害官星，事業會停滯或奔波、少得利。他在甲寅大運到處宣講心學。丁巳大運，巳亥對沖，在丁巳大運戌年去世，享年54歲。王陽明的大運都很不佳，又無貴星（既無天乙貴人，又無玉堂貴人）一生沒有機遇接近皇帝。但正是一生與苦難抗爭的日子讓王陽明成了悟出心學。

我們看王陽明的紫微命格，就知道他為什麼這麼辛苦，又為何與天鬥、與地鬥、與人鬥了。他的命宮是『擎羊、天空』坐子宮。遷移宮是『陷落的天同、太陰』，這並不是『馬頭帶箭格』。一定要擎羊坐命午宮，對宮是居旺廟的同陰，才是正統的『馬頭帶箭格』。所以這個本命的條件就太差了。但是對於一個悟道的哲學家來說，卻是十分貼切的命格。

『擎羊、天空』坐命。擎羊在子宮居陷，會凡事精細、愛鑽牛角尖，得理不饒人。擎羊像針刺別人，也會刑剋自己。天空五行屬火，在子宮也落陷。命格有『天空』的人，也適合做數學家、哲學家、文學家。會有超水準的表現。王陽明幼時家境富裕，父親做大官。但他出生後，父親因得罪宦官劉瑾，被貶職。漸家道中落。我們看他一生的運氣都不好，可以說是勉為其難的在做一些事。他的疾厄宮是『武曲化忌、貪狼』，父母宮相照疾厄宮的星又是『火星、左輔、右弼』，他小時候就有肺癆，這是武曲化忌的影響。也會影響全身的免疫能力。還有『火星、左輔、右弼』，表示身體會加倍的上火。這種上火是發炎的上火。我們可看到他的八字全都是水，屬於寒體質的人。因受寒而發燒、發炎。他在晚年最後的時刻，因為疾病渾身潰爛發臭，十分可憐。像這種八字缺火又都是水的人，更易得淋巴癌，最後也是身體潰爛，痛苦不堪的。

王陽明最高擔任過兵部尚書、都察院左都御史，平定了南方宸濠之亂。因為軍功被封為新建伯。因為八字中沒有天乙貴人（陽貴）和玉堂貴人（陰貴），因此一生極近辛苦。而且走的大運都是背運。在他的命格中本來還有『火貪格』，22歲時本應考中上榜，但有武曲化忌和貪狼同宮，因此形成雖受褒講但為落榜。在22歲至33歲的大運中，他在28歲羊年運程又是古怪的『武曲化忌、貪狼』和對宮火星對照的大運大發，中了殿試賜二甲第七名進士。

接下來的34歲至43歲的大運是『廉破、文曲』運，這是一個窮運。這段時期因得罪劉瑾，謫貶至貴州龍場，生活自然清苦，但他的思想有了新的領悟，史稱龍場悟道。講求「心外無理，心外無物」理論。

劉瑾被殺後，王陽明升職很快，升到鴻臚寺卿。王守仁一生最大的軍事戰績，是平定南昌的寧王宸濠之亂。兩廣戰役後，他肺病加劇，於歸途中，五十六歲病逝於江西南安府舟中。

王守仁有三本傳世之作《傳習錄》、《陽明全書》、《大學問》。《大學問》被認為是王陽明最重要的哲學著作。

其實八字中沒有貴人運的人又像王陽明這麼發奮要功在社稷的人，還是特別的少數的。一般人八字中沒有貴人運，便默默的潦草一生了。

王守仁　命格

僕役宮 天府 54 - 63　乙巳	遷移宮 天同 太陰 丙午	疾厄宮 武曲化忌 貪狼 丁未	財帛宮 太陽 巨門 戊申
官祿宮 44 - 53　甲辰	陽男 日主 癸亥　癸亥　辛亥　壬辰 金四局		子女宮 天相 鈴星 己酉
田宅宮 廉貞 破軍 文曲 34 - 43　癸卯			夫妻宮 天機 天梁化祿 陀羅 地劫 <身宮>　庚戌
福德宮 24 - 33　壬寅	父母宮 火星 左輔 右弼 14 - 23　癸丑	命宮 擎羊 天空 4 - 13　壬子	兄弟宮 紫微化權 七殺 文昌 祿存 辛亥

生辰八字一把罩

法雲居士⊙著

世界上所有成功的人，都有很好的生辰八字！
生辰八字是人出生時的時間標的。同時也是人出現在宇宙間、在黃道上所留下的十字標記。宜室宜家的人，福壽康寧不生病的人，同樣也都具有好的生辰八字。
因此，為人父母者，要保障子孫的優秀與成功，
必須多少瞭解一點優生學。這本『生辰八字一把罩』就是幫助大家多生優秀子孫的一本書。
法雲居士用紫微命理及八字學的觀點，
告訴你如何找到小孩的生辰好時辰。
以及再多創造一個事業成功的偉人。

流年轉運術

法雲居士⊙著

算運氣、算流年，大家都希望愈轉愈好，
有的人甚至希望能『轉運』，去除衰運。實際上會運用『流年』算法的人，就能利用『流年』來轉運了。
『流年轉運術』是一本幫助大家運用
流年推算法，來控制好運到來的時間的利器。
一方面幫助大家趨吉避凶，另一方面幫助大家把好運、強運像疊羅漢似的，一層一層堆高，
使你常身處在無限的好運、旺運之中。
如此，便一生也不會遭災難侵襲了。

第六章　用八字財星來計算財富成就

真正能展現財富數字的觀命術

通常我們用紫微命盤來看財富問題時，紫微斗數有許多屬於財星的星，例如：武曲、天府、祿存、化祿、太陰等等。我們只知道它主富，但無法知道它們確實帶有多少價值金額的財富。到底是萬級、千萬級、億級、兆級的金錢價值金額呢？是用台幣算？美金算？或是人民幣算呢？

例如『武曲』到底價值多少？『天府』到底價值多少？『祿存』到底價值多少？太陰到底價值多少？『化祿』又到底價值多少呢？

我們都知道『武曲』是正財星，『天府』是財庫星，應該是富到不行的。但看看目前檯面上的 世界級的富豪們有幾個是　『武曲』或　『天府』坐命的呢？好像一個都沒有！所以這不禁使我們開始懷疑這些所謂的『財星』或『財庫星』到底是不是虛有其表了！或許它也只是代表一種暫時生活的狀態而已。

例如很多『武曲』坐命的人，有些做軍警業、或小生意人。前國防部長郝柏村先生是『武曲化祿』坐命辰宮的人，以軍人起家。當然他生活是富裕的。但不算世界級的富豪。

例如『天府』坐命的人是『財庫星』命格，很愛存錢。但如果有天空、地劫或擎羊、陀羅同宮，財庫不是空了，就是有破洞了，也存不了錢。通常只是拼湊著過日子。也不見得會理財。

例如『太陰』坐命的人，通常以月薪為基礎來掙錢。『太陰』也是要靠積蓄與好運相幫的，才會富有。例如長榮集團的張榮發先生就是『太陰坐命』的人。不過像他這樣發富的『太陰坐命』的人，還是十分不多見的。

例如『祿存』坐命的人，『祿存』是小氣財神。通常『祿存』坐命的人，因為被『羊陀所夾』。父母宮有擎羊，兄弟宮有陀羅，與家人不合。很多此命格的人先天上家庭有變故。有些是遺腹子。有些是寄養他人之家，改拜父母的人。也有留在本家孤獨過日子，與家人不合的。因為他們天生小氣吝嗇，只顧自己的衣食，不願照顧其他家人，因此被家人排斥。

例如命格中有『化祿』星的人，通常『機月同梁』格的星帶『化祿』時，財富只是普通富裕，有些只是人的性格上很圓滑而已，只會說好聽的話，並不真正富有。『武曲化祿』、『貪狼化祿』會有錢的多。例如：亞馬遜的老闆貝佐斯是

『破軍化祿』坐命的人，特斯拉的老闆馬斯克是『巨門化祿』坐命的人，他們都有二、三千億美金的財產。這是因為他們敢於擴張，拼命找錢來花。進而使自己的產業擴大了。，財富也變多了。

用八字財星觀看命中財富數值的訣竅

一、**以八字中的正財星為主**。因為『正財』才是自己之財。『偏財』是他人之財。所以『正財』才留得住，才會聚積財富。『偏財』會財來財去一場空。

二、看八字中的正財有幾個？每個正財以『億』做為財富單位計數。

三、**有關幣別方面**。以你所處之環境為準。如果生活工作在台灣的，則以台幣為計算單位。如果生活工作在美國的，則以美金為計算單位。若是原本在台灣或香港本地經營，但事業體已擴大到歐美等國的就以美金為計算單位。例如李嘉誠的財富預估則以美金來估算了。

四、如果八字中，財成方局的，表示財多至四海或一方，容易是上百億或千億的財富。例如李嘉誠的命格中有財成方局，是故易財富廣闊四海。

但如果命局是『財多身弱』的格局，則為窮命。無法以此論其財富了。例如德國總理蕭茲的命格即是。

若八字中一個財星都沒有的人（正財和偏財都無）。你也能衣食無憂，但大財富是不多見了。因為你可能是某種特殊格局，如『炎上格』、『潤下格』、『從革格』、『傷官生財格』或是『食神生財格』等，亦或是靠運程走運較好而得財得以生活，所以一般的生活之資幾百萬、幾千萬是有的，上數億、數十億或百億就不可能了。

（例二）香港富豪的身家財富計算

李嘉誠的八字：

李嘉誠　八字

主星	正印	命主	正印	偏印
四柱	乙卯	庚午	乙未	戊辰

藏			乙		己	丁	乙	丁	己	癸	乙	戊
副星			正財		正印	正官	正財	正官	正印	傷官	正財	偏印

歲	83	73	63	53	43	33	23	13	3
大運	戊辰	丁卯	丙寅	乙丑	甲子	癸亥	壬戌	辛酉	庚申

在李嘉誠的命格中，日主是庚午。『庚午』是已煉好成物品之金。因剛煉好，故急須要水來淬礪剛硬。因此命局四柱中干支要有水才好。不過他生於大暑之後，已經金水進氣了，故不缺水。命局中一方面有戊己土正印生金，一方面『未卯會木局』，是一個很大的財局。原本以億元為單位的算法，他有3個正財，以3億為基礎，要乘以100倍。在加以他的大運43歲走甲運，53歲走乙運（正財運），因此在走如此旺運的正財運時，要把整個的財運金額再乘以兩倍以上。

所以在2018年5月10日，李嘉誠退休，由轉任長和資深顧問。長和集團遂由其長子李澤鉅升任董事局主席。（此時他已分家給2個兒子之後了）

2022年，《福布斯》公佈年度香港50大富豪排行榜，李嘉誠繼續蟬聯首富寶座，身家約360億美元。

（例二）華倫・愛德華・巴菲特財富計算

巴菲特的八字：

巴菲特　八字

偏財	命主	食神	偏印	主星
丙午	壬子	甲申	庚午	四柱
己 丁	癸	戊 壬 庚	己 丁	藏
正官 正財	劫財	七殺 比肩 偏印	正官 正財	副星

83	73	63	53	43	33	23	13	3	歲
癸巳	壬辰	辛卯	庚寅	己丑	戊子	丁亥	丙戌	乙酉	大運

在巴菲特的命格中，日主是『壬子』。『壬子』是氣勢滂沱的大水。因為本命是壬水，故要看水勢的龐大與否，以定財富的多寡。在他的命格中，有年干上的庚金生水，在月支與日支形成『申子會水局』。因此這也是龐大的財局。

1962 年 1 月，在巴菲特 32 歲時，他正走丁運財運的最後一年。巴菲特有限合夥事業市值達到$7,178,500 元。其中巴菲特擁有$1,025,000 元。

巴菲特財富的計算方法：他有兩個正財，一個偏財。乘以『億』為單位，為 2.5 個億。『申子會水局』，則乘以 100 倍。在加上大運的庚辛壬癸運四個好的大運，再乘以三或四，他應該有 750 億到一千億美金的資源。

在 2020 年 9 月《富比士》公佈的美國前 400 大富豪排名榜排名第 4 名，資產達 735 億美元。

（例三）亞馬遜集團總裁貝佐斯的財富計算

巴貝佐斯的八字：

貝佐斯　八字

食神	命主	正財	傷官	主星
壬午	庚申	乙丑	癸卯	四柱
己 丁	戊 壬 庚	辛 癸 己	乙	藏
正印 正官	偏印 食神 比肩	劫財 傷官 正印	正財	副星

83	73	63	53	43	33	23	13	3	歲
丙辰	丁巳	戊午	己未	庚申	辛酉	壬戌	癸亥	甲子	大運

在貝佐斯的命格中，日主是『庚申』。『庚申』是已做成的戟劍之物。害怕再有火多，又燒壞了。如果命格中有壬癸，或申子辰會水局，則劍氣發亮，而主貴。在他的命格中，這些條件全有。有壬癸出干，支上有申，可通根。

現在要談他的財富格局：在貝佐斯的命格中『正財』有兩個。用2個億做起點。

在八字日支申和時支午，『午申夾未』，『未』又與年支的『卯』形成『卯未會木局』。木局是日主庚金的財局。而這個財局幅員遼闊，從年柱到時柱，共是四柱。乘以400，共是800億。再乘以庚、辛、壬、癸等好運，再乘以4，他最多可有3200億美金的資產。

2018年，貝佐斯以1,120億美元身家在富比士中首次位居全球首富寶座，在電子商貿公司亞馬遜股價大升，令亞馬遜創辦人貝佐斯身家大增390億美元至1,120億美元，比微軟創辦人蓋茨的900億美元，多出220億美元，成為新任全球首富。2020年，富比士公佈的全球富豪榜，貝佐斯以淨資產1,130億美元，繼續排名第1名。同年8月，根據彭博億萬富翁指數，貝佐斯淨資產達2020億美金。

（例四）特斯拉集團總裁馬斯克的財富計算

馬斯克的八字：

馬斯克　八字

七殺	命主	比肩	正官	主星
庚午	甲申	甲午	辛亥	四柱
	未	未		
己 丁	戊 壬 庚	己 丁	甲 壬	藏
正財 傷官	偏財 偏印 七殺	正財 傷官	比肩 偏印	副星

88	78	68	58	48	38	28	18	8	歲
乙酉	丙戌	丁亥	戊子	己丑	庚寅	辛卯	壬辰	癸巳	大運

在馬斯克的命格中，日主是『甲申』。『甲申』是巨木被砍斷後，落入水中之木。此為枯木，有水滋潤，與金石一樣堅硬。所以他的性格也很硬。

在馬斯克的命格中，午月生的甲木，因有二重的『午申夾未』，所形成的兩個『亥未會木局』。因此木極旺，可用『傷官制煞』，或稱『用庚金劈甲引丁』，以達『木火通明』而取貴。他的八字中暗藏兩個『亥未會木局』。財旺東方。而且五月木性枯槁，只宜生旺之方，不宜死絕之地。以東方為吉，是甲木生旺之地。所以他在中國特斯拉上海超級工廠在 2020 年 1 月落成，特斯拉成為中國第一家外商獨資設立的汽車公司。並使他的財富大量提升。

2021 年 9 月，馬斯克以 2,700 億美元財富成為全球最富有的人。

表面上看起來他只有兩個正財。但他還有兩個暗的正財。分別在月支午和日支申的『午申夾未』的『未』中，有己土正財。在日支申與時支午中又夾一『未』，『未』中也有一正財，是故他共有四個正財和一個偏財。但他的東方旺氣有三重，兩個『會木局』，加上另一個甲木出干（出干的旺氣是很大的）。共三個旺氣。故乘以 600。（其中要加上 48 歲的己土正財運，要加 100 億，以及 58 歲的戊土偏財運，要加乘 300~500 億），共是 2700 億至 5000 億美元左右的資產。

2021 年 10 月，美國商業雜誌《富比士》宣布馬斯克財富達到 2700 億美元，成為該雜誌統計史上最富有的。但他的財富會起起落落，老年時也許會大量的花費財富，並減少。

（例五）美國總統拜登的財富計算

拜登的八字：

美國總統拜登　八字

食神	命主	偏財	正官	主星
乙酉	丁丑	辛亥	壬午	四柱
辛	辛 癸 己	甲 壬	己 丁	藏
偏財	偏財 七殺 食神	正印 正官	食神 比肩	副星

87	77	67	57	47	37	27	17	7	歲
庚申	己未	戊午	丁巳	丙辰	乙卯	甲寅	癸丑	壬子	大運

美國總統拜登的命格中，日主是丁丑。『丁丑』是鑽木取火中的火花。鑽於木就要利用甲木來引燃，故最好以『甲木』為用神。

在拜登的命格中，日主丁火生於亥月。『亥』中有甲木正印，可生丁火。也是他的用神。否則丁火易滅絕。因丁火不旺是無法剋金生財的，所以拜登有壬官生亥中的甲木，甲木又生丁火，以致能剋金生財。

在拜登的命格中，沒有正財，只有三個偏財。偏財是他人之財，不算是本人之財。以 0.5 億乘以 3，為 1.5 億。但是在日支『丑』和時支『酉』形成『丑酉會金局』，也是財局。故乘以 100，再加上大運他 87 歲又走『庚申』，是正財運。因此共有 300 億左右的財富。

（例六）中國總理習近平的財富計算

習近平的八字：

習近平　八字

正官	命主	傷官	七殺	主星
壬寅	丁酉	戊午	癸巳	四柱
戊 丙 甲	辛	己 丁	庚 戊 丙	藏
傷官 劫財 正印	偏財	食神 比肩	正財 傷官 劫財	副星

84	74	64	54	44	34	24	14	4	歲
乙酉	庚戌	辛亥	壬子	癸丑	甲寅	乙卯	丙辰	丁巳	大運

中國總理習近平的命格中，日主是『丁酉』。『丁酉』是有玻璃罩的燈光。此日生的人較喜歡命格中有壬水和乙木，害怕癸水與甲木，更忌諱四柱支上有『午酉相破』，會有破耗與刑剋。

在習近平的命格中，日主丁火，在月支『午』中得祿。年干與月干『戊癸相合化火』，因地支有『寅午會火局』，所以化火成局。因此身旺。年支與日支又形成『巳酉會金局』，這是財局。可任財。

在習近平的命格中，有一個正財，一個偏財，還有一個很大的財局，橫跨三柱。並且在64歲時的大運（現在）走偏財運。目前他打貪很厲害，少不了肥自己，成為自己的暴發運74歲時他走正財運。因此財產坐實了。只是他有一個『午酉相破』的破局沖撞了日支酉金，會有一些損失。他的財富總額估算起來，將在350億人民幣左右。

（例七）德國總理蕭茲的財富計算

蕭茲的八字：

德國總理蕭茲　八字

正財	命主	七殺	七殺	主星
丁未	壬戌	戊午	戊戌	四柱
乙 丁 己	丁 辛 戊	己 丁	丁 辛 戊	藏
傷官 正財 正官	正財 正印 七殺	正官 正財	正財 正印 七殺	副星

89	79	69	59	49	39	29	19	9	歲
丁卯	丙寅	乙丑	甲子	癸亥	壬戌	辛酉	庚申	己未	大運

在德國總理蕭茲的命格中，日主是『壬戌』。『壬戌』是『驟雨易晴』。是

下了一場急促猛烈的雨之後又突然放晴了。這是比喻日主壬戌的人生形態。因此這個命格的人總是有好機會時又錯過。只要有金水相助，又會在看起來沒有好機會時，又有奇遇。

在蕭茲的命格中，日主壬水生於五月，午中有丁己同宮，是財官兩旺。但是壬水在午宮是休囚已極的狀況，不能任財官。必須用劫印（金水）生助日主才行。並以癸水為用神。

在蕭茲的命格中，有兩個戊土出干，丁壬相合不化。又有兩個『午戌會火局』。八字中無一點水。這種全無金水的命格，稱為『財多身弱』。是富屋貧人之命格，不能做『從財格』。因為其胎元在『己酉』，酉宮能生壬水。所以還能有工作能力來生財。

蕭茲的財富計算方式與眾不同。因為是『財多身弱』，有五個正財，全無金水。因此他的財富計算方式是以水成分的多寡來計算。他只有在39歲走壬戌運，49歲走癸亥運是水運。這兩個大運是帶財多的。其他的大運全在辛苦階段。目前他64歲他的大運在甲運。雖然他79歲走丙運，89歲走丁運，都是財運的大運，對他財富的幫助不大，因為是『財多身弱，不能任財』之故。因此他的財富估計在2000萬歐元左右。他只是比那些大富豪商人財少，比起一般小老百姓還是生活富裕的。

（例八）台積電老闆張忠謀的財富計算

張忠謀的八字：

張忠謀　八字

偏印	命主	正印	正財	主星
甲午	丙寅	乙未	辛未	四柱
己 丁	戊 丙 甲	乙 丁 己	乙 丁 己	藏
傷官 劫財	食神 比肩 偏印	正印 劫財 傷官	正印 劫財 傷官	副星

82	72	62	52	42	32	22	12	2	歲
丙戌	丁亥	戊子	己丑	庚寅	辛卯	壬辰	癸巳	甲午	大運

台積電老闆張忠謀的命格中，日主『丙寅』。『丙寅』是『日升暘谷』。太陽升在山谷上。出生在白日的人，若四柱有『午』，為有豪氣英雄之人。

在張忠謀的命格中，是日主丙火生於未月，生於大暑之前，須水孔急。有甲乙木出干，命局印比多（木火旺），丙火生旺，用壬水做用神。但行東南運為佳。

在張忠謀的命格中，正財只有一個，在年干上。劫財卻有3個。傷官也有3個。用傷官生財（己土生金）而致富，他55歲時才創立台積電公司。大運已在己丑運。此為『傷官生財』的運氣。是故他的財富估計在20~25億美金左右。

2020年《富比士》公布的台灣50大富豪，張忠謀資產為15億美元。

巫咸撮要詳析

（例九）優衣褲公司老闆柳井正的財富計算

柳井正的八字：

柳井正　八字

	偏印			命主			偏印			劫財		主星
	丙辰	卯		戊辰	卯		丙寅			乙丑		四柱
癸	乙	戊	癸	乙	戊	戊	丙	甲	辛	癸	己	藏
正財	正官	比肩	正財	正官	比肩	比肩	偏印	七殺	傷官	正財	劫財	副星

81	71	61	51	41	31	21	11	1	歲
丁巳	戊午	乙未	庚申	辛酉	壬戌	癸亥	甲子	乙丑	大運

在柳井正的命格中，日主『戊辰』。『戊辰』是蟹泉吐穎之山。細細的流水，從山腰環繞流出。正所謂：『淺水長流山不枯』。因此以財為重。

在柳井正的命格中，是戊土生寅月。寅月木旺土崩。有丙則土會踏實。亦可上承上輩之蔭庇。有二丙出干，支上『寅辰夾卯』，寅卯辰代表東方，有兩次寅卯辰東方方局。辰中有癸水財星。在他的命格中共有3個正財。他在21歲及31歲（40歲之前）的大運中，走財運，開始發展事業。又逢41歲辛運及51歲庚運，煞旺身強，因此為『從煞格』，開始具有大富貴。在他的財富上估算有300億美金是可能的。

柳井正於2009年起成為日本首富，靠著經營連鎖的服飾店UNIQLO起家，2009年財富總價值5700億日圓，是日本40大富豪之一。於2013年以155億美元再次成為日本首富。柳井正家族在《福布斯》2019年億萬富翁排行榜中名列第41位，資產達到222億美元。

（例十）血液檢測公司 Theranos 的老闆
伊莉莎白・安妮・霍姆斯的財富計算

霍姆斯的八字：

伊莉莎白・霍姆斯　八字

<table>
<tr><td colspan="2">劫財</td><td colspan="2">命主</td><td colspan="3">偏印</td><td colspan="2">七殺</td><td>主星</td></tr>
<tr><td colspan="2">丙午</td><td colspan="2">丁卯 辰己</td><td colspan="3">乙丑</td><td colspan="2">癸亥</td><td>四柱</td></tr>
<tr><td colspan="2">己 丁</td><td colspan="2">乙</td><td colspan="3">辛 癸 己</td><td colspan="2">甲 壬</td><td>藏</td></tr>
<tr><td colspan="2">食神 比肩</td><td colspan="2">偏印</td><td colspan="3">偏財 七殺 食神</td><td colspan="2">正印 正官</td><td>副星</td></tr>
<tr><td>82</td><td>72</td><td>62</td><td>52</td><td>42</td><td>32</td><td>22</td><td>12</td><td>2</td><td>歲</td></tr>
<tr><td>甲戌</td><td>癸酉</td><td>壬申</td><td>辛未</td><td>庚午</td><td>乙巳</td><td>戊辰</td><td>丁卯</td><td>丙寅</td><td>大運</td></tr>
</table>

伊莉莎白　安妮・霍姆斯（Elizabeth Anne Holmes）的命格中，日主『丁卯』。

『丁卯』是祭祀所點之香火，喜歡木屑黏合，則香氣盤繞，可達天庭。而主貴。若命格四柱無壬有癸，丁火便有時生，有時滅絕。這就像極了她的人生。

在霍姆斯的命格中，是日主丁火生丑月。天氣大寒。丑中藏用為己辛癸。干透癸水，為『七殺格』。以甲木為用神。此命格中必須有庚、有甲在天干上，會有大富貴。但她都沒有。支上只是一些較次級的，佯裝類似的格局。如『亥卯會木局』，和『卯午夾辰巳』的『巳丑會金局』代替庚金。再加上巳亥也會相沖，故是一場騙局一場空。在她的命格中，只有一個偏財（要逢運才能發），連一個正財都沒有。在大運上也要等到 42 歲庚運是正財運，52 歲辛運是偏財運。所以她坐完牢，還可大發呢！

伊莉莎白・安妮・霍姆斯，是一家血液檢測公司 Theranos 的創始人。此公司位於美國加利福尼亞州的帕羅奧多，一度是生物科技行業的獨角獸公司。因為聲稱提出創新的，只需少量血液即可進行的血液檢查而聞名，目前已經解散。她從 19 歲開始（丁運末）詐騙。32 歲（己運）便已結束。（己土會洩火）

2015 年時，《富比士》因為公司估值 90 億美元，將霍姆斯評選為全球最年輕、白手起家的女性億萬富翁，她也曾被《時代雜誌》提名為「2015 年前 100 名最有影響力人物」。次年富比士將她的資產估值「從 45 億美元更新為一文不值」。而《財富雜誌》將霍姆斯稱作為「世上最讓人失望的領導者」。

第七章　能得配偶財的人

在八字中能一眼就看出能得配偶財的命格。十分簡單。也就是直接由出生時的日干支來看。『日干』代表該人自己，又稱『日主』，也是該人的元神。『日支』即是配偶之位。所以『日干支』至為重要。如果日支和旁邊的月支或時支相沖或相剋了，你所得的配偶財也會刑剋不見了。日支若與前後月支或時支形成方局，例如：寅午戌會火局或寅卯辰代表東方木局等，此等配偶之財也會變大，或擴展四方，形成大財富。

倘若日支與前後的月支或時支形成刑剋本命的方局或刑沖，則配偶財會受破壞，夫妻間的感情就未必全佳，也會有再次婚姻的問題。這一點在後面舉例會說到。

如果『日干支』中，日支的含用中具有日主的『正財』，這表示此人是真正具有『配偶財』的人，其人會性格穩定、做人圓滑，做事正派規矩。其配偶會對其人具有真正的幫助益處。更會在緊要關頭對他有利。如此夫妻感情也會較佳、較真誠。能享家庭之樂。

如果日支的含用中具有日主的『偏財』，這表示夫妻的情緣只是短時間的，配偶對你的幫助和益處也是偶而為之，也不算真誠。命格四柱中若全都是偏財，而無正財，表示此人好淫，好賭，無真正的正義理智。

如果日支的含用中毫無日主的財星。這表示此人對配偶的情意缺缺。配偶對你的助益不大。你本身對他人對配偶都沒有多餘的希望與需求。你可以靠其他的方式來尋找相合的配偶。如甲己相合，戊癸相合等。如此也能找到性格相合的配偶。

能得配偶財的日干支

甲寅　乙丑　丁丑　戊子　己丑　庚寅
甲辰　乙卯　丙申　丁酉　戊申　己亥　庚申
甲午　乙巳
甲戌　乙未

辛未　壬寅　癸巳
辛酉　壬午
辛亥　壬戌

日干支含財內容

甲寅：甲木的財是戊己土。寅中有甲祿，甲祿也是財星。也是有財。

甲辰：甲木的財是戊己土。辰中有戊乙癸。有戊土偏財。故有財。

甲午：甲木的財是戊己土。午中有丁己。有己土正財。

甲戌：甲木的財是戊己土。戌中有戊丁辛。有戊土偏財。

乙丑：乙木的財是戊己土。丑中有己土，是乙木的偏財。

乙卯：乙木的財是戊己土。卯中有乙祿，故有財。

乙巳：乙木的財是戊己土。巳中有戊丙庚，有戊土的正財。

乙未：乙木的財是戊己土。未中有己丁乙，有己土偏財。

丙申：丙火的財是庚辛金。申中有庚金財星。

丁丑：丁火的財是庚辛金。丑中有辛金偏財。

丁酉：丁火的財是庚辛金。酉中帶辛祿。辛是丁火的偏財。

戊子：戊土的財是壬癸水。子中帶癸水。是戊土的正財。

戊申：戊土的財是壬癸水。申中有壬祿。是戊土的偏財星。

己丑：己土的財是壬癸水。丑中有癸水。是己土的偏財。

己亥：己土的財是壬癸水。亥中有壬水，是己土的正財。

庚寅：庚金的財是甲乙木。寅中有甲丙戊及甲祿。是庚金的偏財。

庚辰：庚金的財是甲乙木。辰中有戊乙癸。乙木是庚金的正財。

庚申：庚金的財是甲乙木。申中有庚祿。也是庚金的正財。

辛未：辛金的財是甲乙木。未中有己丁乙。乙木是辛金的偏財。

辛酉：辛金的財是甲乙木。酉中有辛祿。也算是辛金的正財。

辛亥：辛金的財是甲乙木。亥中有壬甲，甲木是辛金的正財。
壬寅：壬水的財是丙丁火。寅中有甲丙戊。有丙火偏財。
壬午：壬水的財是丙丁火。午中有丁己祿。有丁火正財。
壬戌：壬水的財是丙丁火。戌中有丁火，是壬水的正財。
癸巳：癸水的財是丙丁火。巳中有丙火，是癸水的偏財。
癸未：癸水的財是丙丁火。未中有丁火，是癸水的偏財。

※能得配偶財的『日干支』中，所帶財的狀況有三種。一、是帶正財。二是帶偏財。三、是帶祿星。

帶正財者：表示其人能找到自己合意的情人及配偶。也表示其人的內在感情是多有深意、濃厚的。凡日支帶有正財者，皆心地良善溫暖、情意深厚，對人講求禮義之人。也會擁有美滿婚姻及配偶，容易相信配偶。如果日支前後有沖剋殺破，感情會變淡或破局。

帶偏財者：表示其人的感情會是一段一段的，中間有間隔的。也表示感情的深度不深。對他人或配偶的信任度不深。你會對某些性格的人有偏愛。你的婚姻也容易折損。如果日支前後有沖剋殺破，易離婚或多次婚姻。

帶祿星者：表示其人的感情會是內藏式的，是天生擁有的。你不刻意尋找愛情，但愛情會自己來到你身邊。表面看起來你很含蓄，不會大張旗鼓的曬恩愛。你會默默為愛情付出。如果日支前後配合得當，你會有美滿姻緣。找得到對的人戀愛結婚。如果日支前後有沖剋殺破，即使遇到了所愛，也易離婚或多次婚姻。

舉例說明：

(例一)鍾鎮濤的配偶財

鍾鎮濤的八字：

癸巳
甲寅
日主　乙巳
壬午

藝人鍾鎮濤的日主是乙巳。配偶之位的『巳』中有戊、丙、庚等含用。戊土是乙木的正財。所以鍾鎮濤是命中具有妻財（配偶財）的人。

鍾鎮濤首次婚姻遇上章小蕙（當時名為『章蓉舫』，其家族於1980年代持有加拿大中文電視台，後賣盤予馮永發的新時代集團）。

鍾鎮濤夫妻倆在97金融風暴投資失利，由於負債逾2億港元，1996年，章小蕙跟商人陳曜旻的婚外情曝光，次年離婚。2002年7月向法庭申請破產，同年10月法庭頒布破產令，於2006年10月17日屆滿。

2004年及2010年，同居女友范姜素貞為他再添二女（鍾詠霞）。2014年8月，鍾鎮濤與范姜素貞在峇里島舉行豪華婚禮。他倆命格『乙庚相合』。因此在鍾鎮濤49歲時，仍幫忙出錢出力渡過難關。這是因為他的八字有『配偶財』之故，才有機會反敗為勝。否則會一敗塗地無法振作。

(例二)習近平的配偶財

習近平的八字：

癸巳
戊午
丁酉　日主
壬寅

中華人民共和國主席和領導人習近平的日主是『丁酉』。配偶之位的『酉』中有辛祿。辛祿是丁火的財。並且年支與日支形成『巳酉會金局』，因此是極大的財局。但是生於午月，有『午酉相破』的刑剋。所以雖然擁有配偶之財，但環境中多鬥爭。兩任妻子的家世都還不錯。

(例三)貝佐斯的配偶財

貝佐斯的八字：

癸卯
乙丑
日主　庚申
壬午

美國亞馬遜集團老闆傑佛瑞・普雷斯頓・「傑夫」・貝佐斯的日主是『庚申』。

庚金的財星是甲、乙木。但庚祿在申。故貝佐斯仍具有配偶財的。因為其配偶之位的『申』中是庚之祿位。所以其配偶肯定是對其有幫助的。其錢妻瑪肯西和其一同創業致富。

1993 年，其妻瑪肯西與貝佐斯結婚，1994 年兩人至西雅圖共同創辦了亞馬遜公司，貝佐斯擔任執行長，瑪肯西則是創始元老員工之一。二人後來成為全球最富裕的伴侶。2019 年 1 月，雙方共同宣布離婚。並表示已經達成 350 億美元的離婚協議。在 2019 年美國 400 富豪榜，她以 361 億美元的資產，排名第 15 名。

貝佐斯則是在 2020 年 9 月 2 日其個人財富為歷史最高值，達到 2123 億美元。P.170

(例四)美國總統拜登的配偶財

拜登的八字：

壬午
辛亥
日主 丁丑
己酉

美國總統喬・拜登的日主是『丁丑』。配偶之位的『丑』中有己、癸、辛等含用。辛金是丁火的偏財。也是財星。在拜登的命格中共有 3 個偏財。而且日支和時支形成『丑酉會金局』的財局。在八字命理中，男子四柱要有兩個正財，才有正妻。偏財多的人，常不婚而多小三及路邊野花。拜登是做政治的人，自然不會少了夫人做配件。但他好色的本性仍不時的露出。2022 年 5 月拜登訪韓之際會晤韓總統尹錫悅，頻頻對尹錫悅稱讚其妻的美貌。這是非常失禮之事。我想尹錫悅只能在家裡生生悶氣吧！

(例五)UNIQLO 的老闆柳井正的配偶財

柳井正的八字：

己丑
丙寅
日主　戊辰
丙辰

靠著經營連鎖的服飾店 UNIQLO 起家柳井正的日主是『戊辰』。配偶之位的『辰』中有戊、癸、乙。癸水是戊土的正財。所以柳井正是具有妻財（配偶財）的人。在柳井正的命格中原本就是劫印重的人。而且『印會制財』。所幸時支上辰中還有一個癸水正財。因此成就了柳井正的富貴人生。

(例六)微軟的老闆比爾蓋茲的配偶財

比爾蓋茲的八字：

乙未
丙戌
日主　壬戌
丙午

微軟的老闆比爾蓋茲的日主是『壬戌』。配偶之位的『戌』中有戊、丁、辛。丁火是日主壬水的正財。因此比爾蓋茲也是具有配偶運的人。在比爾蓋茲的命格中有四個正財、二個偏財。幸而戌中有辛金能生壬水。故雖財多但仍能任財。故為世界首富。配偶對他助益甚大。2022 年他捐出 3.4 兆美金做公益，退出世界首富的名列。

(例七)維珍集團的老闆理查・布蘭森的配偶財

布蘭森的八字：

庚寅
癸未
日主 甲寅
丁卯

維珍集團的老闆理查・布蘭的日主是『甲寅』。配偶之位的『寅』中有甲祿，甲之祿位。因此布蘭森也具有配偶財。同時，『寅』中含有戊土、丙火。戊土是甲木的偏財。所以布蘭森具有雙倍的配偶財。布蘭森的命格是木旺，未卯會木局，寅未六和，有庚金劈甲引丁。而成貴格。年干庚金獨殺為權。也能主富貴。

(例八)藝人豬哥亮的配偶財

豬哥亮的八字：

丙戌
己亥
甲寅 日主
甲戌

藝人豬哥亮的日主是『甲寅』。配偶之位的『寅』中有甲祿，甲之祿位。因此豬哥亮也具有配偶財。同時，『寅』中含有戊土、丙火。戊土是甲木的偏財。所以豬哥亮具有雙倍的配偶財。有偏財和本祿。在豬哥亮的命格中偏財多，有三個。正財只有一個。所以他的婚外情多。再由小三扶正。在他一生中，女性多會幫助他，雖然好賭，老婆小三都不會遺棄他。這就是他有妻祿和配偶財的原故了。他和前面布蘭森命格不一樣的原因，是缺少庚金之故。所以財富也不一樣了。

(例九)影星林青霞的配偶財

林青霞的八字：

甲午
甲戌
日主　癸亥
甲寅

影星林青霞的日主是『癸亥』。『癸亥』為一種『還原之水』的水。源自崑崙山（西北方）流出，水氣通於乾亥，聲勢浩大。水天一色。因地支上寅午戌會成火局，即是癸水的財局。九月生癸水，生於霜降之後，土旺用事，幸有甲木疏土。配偶之位的『亥』中有壬甲，能做癸水的根。用神還是要用壬癸水。目前大運在戊運，與本命『戊癸相合化火』，火運又是財運，故能任財。

林青霞　命格

<table>
<tr><td>子女宮
巨門
鈴星
34 - 43　己巳</td><td>夫妻宮
廉貞化祿
天相
文曲
24 - 33　庚午</td><td>兄弟宮
天梁
14 - 23　辛未</td><td>命　宮
七殺
文昌
4 - 13　壬申</td></tr>
<tr><td>財帛宮
貪狼
44 - 53　戊辰</td><td colspan="2" rowspan="2">陽女
甲午
甲戌
癸亥
甲寅
金四局</td><td>父母宮
天同
天空
癸酉</td></tr>
<tr><td>疾厄宮
太陰
擎羊
火星
54 - 63　丁卯</td><td>福德宮
武曲化科
甲戌</td></tr>
<tr><td>遷移宮
紫微
天府
祿存
右弼
64 - 73　丙寅</td><td>僕役宮
天機
陀羅
地劫
74 - 83　丁丑</td><td>官祿宮
破軍化權
左輔
84 - 93　丙子
<身></td><td>田宅宮
太陽化忌
乙亥</td></tr>
</table>

(例十)瓊瑤的配偶財

瓊瑤的八字：

戊寅
庚辰
日主　壬午
乙巳

瓊瑤的日主是『壬午』。『壬午』是『祿馬同鄉』、『水火既濟』在她的命格中，有『寅午會火局』，是壬水的財局。支上又是辰巳午南方格局，財成方局。辛月干庚金能生壬水，且庚金在巳中長生。故能任財。

其配偶之位的『午』中，有丁火和己土，是壬水的財星及官星。因此她是有幫夫運的。至於早年的首次婚姻，正逢『土蓋住水』的己運、戊運，財運不開，也頭腦不清的選不對配偶。後幾十年與平鑫濤的感情糾葛，也是因為事業的發展形成的。因為『壬午』是『祿馬同鄉』、『水火既濟』，午中的丁火會和壬水『丁壬相合』。所以她的配偶是一定會幫助她完成富貴大事的。表面上她從做平鑫濤的員工起家。但實際上平鑫濤是她的員工。雙方一起努力，創造了一片輝煌於華人圈的事業。

瓊瑤 命格

<table>
<tr>
<td>遷移宮
天府 文昌 祿存
62 - 71 丁巳</td>
<td>疾厄宮
天同 太陰化權 擎羊 火星 左輔 天空
52 - 61 戊午</td>
<td>財帛宮
武曲 貪狼化祿
42 -51 己未</td>
<td>子女宮
太陽 巨門 鈴星 右弼化科
32 - 41 庚申</td>
</tr>
<tr>
<td>僕役宮
陀羅 地劫
72 - 81 丙辰</td>
<td colspan="2" rowspan="2">陽女
乙壬庚戊
巳午辰寅
水二局</td>
<td>夫妻宮
天相 文曲
22 - 31 <身宮> 辛酉</td>
</tr>
<tr>
<td>官祿宮
廉貞 破軍
82 - 91 乙卯</td>
<td>兄弟宮
天機化忌 天梁
12 - 21 壬戌</td>
</tr>
<tr>
<td>田宅宮
甲寅</td>
<td>福德宮
乙丑</td>
<td>父母宮
甲子</td>
<td>命　宮
紫微 七殺
2 - 11 癸亥</td>
</tr>
</table>

(例十一)平鑫濤的配偶財

平鑫濤的八字：

丁卯
丁未
日主　己未
己巳

平鑫濤的日主是『己未』。『己未』是種在土中的植物上覆蓋的土。是種植芋頭、甘藷之類的土。己土生未月，火炎土燥，四柱無丁點財星，己土的財是壬癸水。所謂乾旱已極。又有『卯未會木局』是官局。胎元是戊戌。只有35歲走癸運，45歲走壬運時大發。瓊瑤日主的壬水正是平鑫濤的正財星。所以他一直捧著這個財星才有後來的事業。平鑫濤的配偶之位的『未』中也是己丁乙。也無財星。命格太乾渴，因此遇到日主壬水的人，因財相吸。因此52歲壬運再婚瓊瑤。

平鑫濤 的命格

<table>
<tr>
<td>田宅宮
天同化權 陀羅 文昌 右弼
乙巳</td>
<td>官祿宮
武曲 天府 祿存 天空
84 - 93 丙午</td>
<td>僕役宮
太陽化祿 太陰 擎羊
74 - 83 丁未</td>
<td>遷移宮
貪狼
64 - 73 戊申</td>
</tr>
<tr>
<td>福德宮
破軍 地劫
甲辰</td>
<td colspan="2" rowspan="2">陰男
丁卯 丁未 己未 己巳
金四局</td>
<td>疾厄宮
天機化科 巨門化忌 文曲 左輔
54 - 63 己酉</td>
</tr>
<tr>
<td>父母宮
鈴星
癸卯</td>
<td>財帛宮
紫微 天相
44 - 53 庚戌</td>
</tr>
<tr>
<td>命　宮
廉貞 火星
4 - 13 壬寅</td>
<td>兄弟宮
14 - 23 癸丑</td>
<td>夫妻宮
七殺
24 - 33 <身宮> 壬子</td>
<td>子女宮
天梁
34 - 43 辛亥</td>
</tr>
</table>

(例十二)香港被綁架的老闆王德輝的配偶運

王德輝的八字:

甲戌
癸酉
日主　癸未
戊午

香港被綁架的老闆王德輝的日主是『癸未』。配偶之位的『未』中有己、丁、乙。丁火是日主癸水的偏財。因此他也具有配偶財。又因年支與時支形成『戊午會火局』,正是癸水的財局。年月支戌酉含金,能生癸水。癸水居旺能任財。命局中雖有戊土出干,也有甲木疏土。日干與時干戊癸相合化火。1960年接掌華懋集團並一直執掌董事局主席一職。財富有300億美元。

王德輝的紫微命格是『擎羊、右弼』坐於卯宮。對宮有『紫貪、鈴星』。他的環境中就是一個暴發格。是故一定會富有。但本命有傷剋,會傷身害命。其人也無子,即是一大傷剋了。

港商 王德輝 命格

福德宮 天空 地劫 破軍化權 武曲化科 36 - 35 己巳	田宅宮 太陽化忌 36 - 45 庚午	官祿宮 火星 天府 46 - 55 辛未	僕役宮 太陰 天機 56 - 65 壬申
父母宮 文昌 天同 16 - 25 戊辰	日主 戊午 癸未 癸酉 甲戌	陽男 火六局	遷移宮 鈴星 貪狼 紫微 66 - 75 癸酉
命　宮 右弼 擎羊 6 - 15 <身宮> 丁卯			疾厄宮 文曲 巨門 甲戌
兄弟宮 祿存 丙寅	夫妻宮 陀羅 七殺 廉貞化祿 丁丑	子女宮 天梁 丙子	財帛宮 左輔 天相 乙亥

王德輝先後兩次被綁架。逢戊運土蓋住水，1983 年 4 月王德輝（49 歲）與龔如心，如常駕車離開山頂百祿徑寓所上班途中被綁架。繳贖金被救回。1990 年 4 月 10 日（55 歲）第二次被綁架後至今下落不明。顯然已遭殺害。後其妻繼承其遺產。

(例十三)華人女富豪龔如心的配偶運

龔如心的八字：

丁丑
己酉
日主 己未
庚午

港商王德輝被綁架後，其妻龔如心繼承財產，成為華人女富豪。龔如心的日主是『己未』。配偶之位的『未』中含用為己、丁、乙。日主己土的財星是壬癸水。她並不具有配偶財。本命也財少。只有丑中一點癸水偏財而已。

在她的命格中，己土生酉月，支上有『丑酉會金局』。會洩弱土氣。無丙丁不能成格，必須金強身旺，才能以丙丁補土之元神。形成『土金傷官佩印格』。

香港小甜甜 龔如心 命格

<table>
<tr>
<td>福德宮
紫微 七殺 陀羅 地劫 天空
24 - 33 乙巳</td>
<td>田宅宮
祿存
34 - 43 丙午</td>
<td>官祿宮
擎羊
44 - 53 丁未</td>
<td>僕役宮
54 - 63 戊申</td>
</tr>
<tr>
<td>父母宮
天機化科 天梁 文昌 鈴星
14 - 23 甲辰</td>
<td colspan="2" rowspan="2">陰女
日主
丁丑 己酉 己未 庚午
金四局</td>
<td>遷移宮
廉貞 破軍 火星
64 - 73 己酉</td>
</tr>
<tr>
<td>命宮
天相 右弼
4 - 13 癸卯
<身宮></td>
<td>疾厄宮
文曲
庚戌</td>
</tr>
<tr>
<td>兄弟宮
太陽 巨門化忌
壬寅</td>
<td>夫妻宮
武曲 貪狼
癸丑</td>
<td>子女宮
天同化權 太陰化祿
壬子</td>
<td>財帛宮
天府 左輔
辛亥</td>
</tr>
</table>

用丁火為用神。她的紫微命格是『天相陷落、右弼』坐命卯宮。對宮是『廉破、火星』，表示她的環境就是爭鬥多，與黑道有關的。雖然她還當過亞洲女首富，不過也是鏡花水月，最終一場空。

龔如心為香港企業家，早年與其丈夫王德輝攜手經營華懋集團，資產估計超過 300 億美元（2千4百億港元），夫死繼承遺產。曾為亞洲女首富、華人世界第一女富豪。於 1992 年至 2004 年間她常以兩根辮子之特別造型露面，因此有「小甜甜」稱號。

(例十四)影星成龍的配偶運

成龍的八字是：

甲午
戊辰
日主　癸巳
辛酉

影星成龍的命格中，是日主『癸巳』生於辰月。『癸巳』是流過高阜小山的河流之水，源流清澈，就是財官雙美的人。此命格喜有甲乙木多，與雲雨得宜，能生壬癸水多的為吉。就怕亥未與巳相沖，或土多，堤岸受損而水枯。

在成龍的命格中，月干與日干『戊癸相合化火』，因有月支為辰，年月日支為『午辰巳』，一片南方氣象，因此化火成功。主有大富貴。

在此命格中，又有日支和時支形成『巳酉會金局』及辛金出干，能生癸水，主榮祿、貴顯、有富貴。但有『辰酉相合』，好淫。這是到八、九十歲都好淫的。他的日主『癸巳』，配偶之位的『巳』，中有丙、戊、庚，財官印都有，配偶運很好。配偶對其有益。

成龍的紫微命格是『天梁』坐命未宮的人，天梁的人就桃花多，他的朋友宮又是『破軍化權、鈴星』，三教九流的朋友、古怪聰明的朋友一大堆。再加上他好色，自然有人幫他送做堆了。要當這人的老婆非大肚不可。剛好林鳳嬌就填了這個坑了，真是天作之合呀！

我想他早已算過好幾人的命啦！才會把財產交由林鳳嬌管。死也不理生女的小三。不過現在小孩長大了，好像有轉機了。

成　龍　命盤

夫妻宮 巨門 己巳	兄弟宮 廉貞化祿 天相 左輔 庚午	命　宮 天梁 天鉞 5 - 14 辛未	父母宮 七殺 右弼 地劫 15 - 24 壬申
子女宮 貪狼 戊辰	甲午 戊辰 癸巳 辛酉	陽男 土五局	福德宮 天同 25 - 34 癸酉
財帛宮 太陰 擎羊 85 - 94 丁卯			田宅宮 武曲化科 火星 35 - 44 甲戌
疾厄宮 紫微 天府 祿存 天空 75 - 84 丙寅	遷移宮 天機 文昌 文曲 陀羅 65 - 74 <身> 丁丑	僕役宮 破軍化權 鈴星 55 - 64 丙子	官祿宮 太陽化忌 45 - 54 乙亥

(例十五)影星林鳳嬌的配偶運

林鳳嬌的八字是：

癸巳
戊午
日主 壬子
壬寅

影星林鳳嬌的命格中，是日主『壬子』生於午月。『壬子』是氣勢滂沱的大水。故性格寬大。此命需要以煞制刃，用清流砥柱來力挽狂瀾。再加上印綬(庚辛金)，食傷(甲乙木)、官煞(戊己土)等相互來制伏它，如此富貴前程不可限量。

此命格是壬水生午月，午中有丁己，財官兩旺，但午宮壬水休囚，須用印劫生助日主才行。此命格中，有壬癸、戊土出干，支上有『寅午會火局』，干上的『戊癸相合化火』成功。因胎元在酉宮，不可做『從財格』。幸有時干上一壬水出干，相助日主可任財。故主富。並且她外表看起來柔順溫和，但八字中有3個七殺，2個偏財，還有正財，命勢很強，算是兇的了。

林鳳嬌　命格

父母宮 紫微 七殺 火星 15 - 24　丁巳	福德宮 文曲 右弼 25 - 34　戊午	田宅宮 35 - 44　己未	官祿宮 文昌 左輔 45 - 54　庚申 <身>
命　宮 天機 天梁 5 - 14　丙辰	陰女 癸巳 戊午 壬子 壬寅 土五局		僕役宮 廉貞 破軍化祿 天空 55 - 64　辛酉
兄弟宮 天相 乙卯			遷移宮 65 - 74　壬戌
夫妻宮 太陽 巨門化權 甲寅	子女宮 武曲化忌 貪狼 擎羊 地劫 95-104　乙丑	財帛宮 天同化科 太陰 祿存 鈴星 85　94　甲子	疾厄宮 天府 陀羅 75 - 84　癸亥

她的配偶之位是『子』，是癸水。與配偶性質相同。成龍的日主癸水剛好是她的配偶之位。兩人的命格是相互所須之用神。兩人相得益彰。成龍是打著燈籠也找不著這樣的老婆了。

還有成龍和林鳳嬌都屬於『機月同梁』格的人，其思想和價值觀都相同，脾氣各自的底線兩人都很清楚，她當然知道要忍耐的是男人的出軌。『機月同梁』格的人重視家庭和樂及完整，就像深宮的娘娘要坐穩正宮，必須要大肚才行。

(例十六)影星吳綺莉的配偶運

吳綺莉的八字是：

壬子
己酉
日主　丁巳
壬寅

影星吳綺莉的命格中，是日主『丁巳』生於酉月。『丁巳』為星星之火晴天接觸一點日光，便可燎原。若逢陰雨日便點不燃。走金水運，墓庫運不佳。

此命格為丁火生酉月，辛金秉令。應以甲，丙為重要選用神的要件。今命局中四柱無庚，也無比印。四柱有雙壬出干，支上『巳酉會金局』。用丙火劫星為用神。

此命格中刑剋多，年月支上『子酉相刑』。父母離婚，為單親家庭長大。日支和時支又有『寅巳相刑』。與子女不和。『巳酉的財局』只是母親有錢，給的衣食充足而已。此人八字無庚，內心懦弱，鼻子很高，驕傲，無法伏低做小。

此人的日主『丁巳』。『巳』為配偶之位。巳中為戊丙庚。庚金虛浮無用。她的喜用神要火，與成龍不合。她的紫微命格為『天府』坐命未宮，對宮是『廉殺、地劫』。事實上，天府和天相命格的人，其對宮都有七殺或破軍，他們是屬於『殺、破、狼』一組命格的人，和『機月同梁格』的人根本三觀不合。所以成龍根本不會選擇她。即使生下小孩做要脅，更是氣憤難耐。二十年不理。其實吳綺莉26歲走丙運勢運氣很好的。因為夫妻宮有『武曲化忌、破軍』，腦袋不清楚，非要生下這個小孩，不但自己一生名譽受損，也生下命不好，又成為社會笑話的子女，常常鬧上新聞版面。這真是一個做女人及做媽媽的最大敗筆。

吳綺莉　命盤

夫妻宮 武曲化忌 破軍 22 - 31　乙巳	兄弟宮 太陽 文曲 12 - 21　丙午	命　宮 天府 2 - 11　丁未	父母宮 天機 太陰 文昌 戊申
子女宮 天同 火星 32 - 41　甲辰	壬子 己酉 丁巳 壬寅	陽女 水二局	福德宮 紫微化權 貪狼 天空 己酉
財帛宮 右弼 42 - 51　癸卯			田宅宮 巨門 陀羅 庚戌
疾厄宮 52 - 61　壬寅	遷移宮 廉貞 七殺 地劫 62 - 71　癸丑	僕役宮 天梁化祿 擎羊 鈴星 72 - 81　壬子	官祿宮 天相 祿存 左輔化科 82 - 91　<身>　辛亥

第八章　鬼、煞的『造化』與『身有權』

第一節　命理中的鬼、煞各有功用

在中國命理中，有一句話最得人心。也最能道破『命理學』的真髓。在大自然中，天地生成萬物及人類，並滋養生命，使其發揮功用，創造更美好的人類生活環境，更有功於全人類或族人，達到領導及控制萬物為有用的階段，能功成名就的成為有用。

這句話就是：『**無鬼不能成造化，無殺安能身有權。**』

所謂的『鬼』即是：一、由人出生時的時間點的好壞吉凶所形成。二、由年月日時的鬼斧神刀的刑剋所形成。三、是由大運、流年、流月、流日、流時所形成的互沖剋壞所形成。鬼有好、有壞。壞的鬼，使人變邪惡、猥瑣、下賤、貧窮。

好的鬼有時會讓人聰明、智慧高，能讓人從另一方面發展，成就高，而造就和常人不同世紀成就。

所謂的『殺』即是：一、由人出生時的時間點所帶有的『凶殺之氣』。二、是由人出生時的時間點所帶有的『血刃之氣』。『凶殺之氣』也分『邪惡的』和『有用的』。『邪惡的』會做盜匪流氓、江洋大盜，或欺侮鄉里的敗類。

『有用的』會幹大事，在世界一方具有主導權或霸權。這就是『無殺安能身有權』的意思了。

在命格中，怕的是『鬼多兼殺眾』，這就會凶多吉少引為憂患。**書云：『鬼強不可例言凶，鬼伏他家受制功。』**也就是說『鬼強』為刑星在旺位，不可依例說是主凶的。如果有刑星躲在哪個宮位受到制服，依然是可以建功立業出名的。只是怕『鬼、殺』太多，會分去命格的秀氣，會做粗莽之人，無法做上大官了。

如何雕琢人命

通常在命理學中，我們把人命當作做一塊未經雕刻琢磨的木頭木材，此木頭木材要經過精美的雕刻，細細的琢磨，才能成為一具好的雕刻品（引申為好的人才）。雕刻必須要有工具，如刀斧、鋸子、鑽子、磨砂紙等等。所以在紫微斗數中就有羊、陀、火、鈴、劫空、化忌等刑星來琢磨此命格。在八字中也有以相沖、相刑、相剋、相害、相穿來琢磨人的命格的。命格琢磨成有用的人了，功成名就，名揚四海了，這就是所謂的『造化』了。這些也是我們論命的基礎。

羊、陀、火、鈴、劫空、化忌等星，我們一般把它們看做是刑星、凶星，惡星，找麻煩的星。但是若沒有了它們，很多時候我們還真分不出好壞、真假出來。再則這些星也並不是全沒益處，往往它們還會在人命格中立下大功。此章就是講這些刑星如何在人命格中創造了大功勞的。

人類生命環境影響的圖像

在中國命理學中，由其是紫微斗數最清楚明顯的標明：人出生後，就會以自己為中心（命宮），形成圍繞自己的環境、生活需求（財帛宮），與生長須要的資源（官祿宮）。

這**第一圈的生命圈就是『命、財、官』形成的生命圈**。這也是自然界的陽光、空氣、水的資源。這是人類基本活命的條件因素。如果有刑星在這『命、財、官』出現，生命資源是會略微減少的。如果在命宮，出生時就會有些辛苦了。如果在財帛宮，中年會辛苦，如果在官祿宮，雖看起來是老年辛苦，但一生財運也不佳，問題很多。此『命、財、官』的生命圈是由你出生時間所釘定的，你生出來就無法改了。如果此圈中有刑星磕絆你，你可以用後面三個生命圈來想法補足你認為的缺失。並且挑選出你最好的生命圈來，多研究一下如何發揮長才。

第二圈的生命圈是『夫、遷、福』的生命圈。這代表了人既有了先天的命數（福德宮），又有了內心深處的喜好、思想（夫妻宮），就能應對周圍形成的環境險惡（遷移宮）。這是你可以用自己內在思想、感覺所產生的智慧，可改變此生命圈成為你所想要的模樣。如果有羊陀、火鈴、劫空、化忌等刑星在此圈中，你可能不是想得太好太超過，就是受刑剋而不足了。同時你的堅持力也在這個生命圈中展現。正所謂鬼星、殺星的好壞都由你自己的內心所產生的，這須多加注意。

第三圈的生命圈是『兄、疾、田』的生命圈。這代表了平輩向外的關係，也代表家族遺傳的基因及身體健康因素。更代表了家族財富的累積儲存是否夠豐富。這是生命資源往下紮根關鍵力。有沒有錢？是不是真富有？要看田宅宮。健康問題也是『生命的財』。身體健康賺錢都是不難的。八字中兄弟是『劫財』。紫微斗數比較善良，將之歸類為平輩關係。但如果有刑星，就會真劫財了。

第四圈的生命圈是『父、子、僕』的生命圈。這代表了父祖輩一脈相傳的家族命脈。以及家庭外部人際關係的傳承，並代表人生最終的幸福指標有多高。如果這個三合宮位缺了一角，或有了刑星，就代表少年、或中年、或老年時的缺失和衰運。自古以來我們覺得父子相承，好像關係很緊密。但事實上這個生命圈已到最外圍了，由其僕役宮是外人了，關係更是遙遠一些。如果此圈中有刑星不佳，六親不和的狀況十分嚴重。有時會失怙、失恃，幼年可憐。同時父母宮有刑星的話，不但跟父母處不好，也會有遺傳病症、癌症等。現在已發現父母宮有劫空或擎羊的人會生癌症。這就是刑剋。所以此生命圈 中有刑星時，只有壞處，無有好處。

紫微天道圖

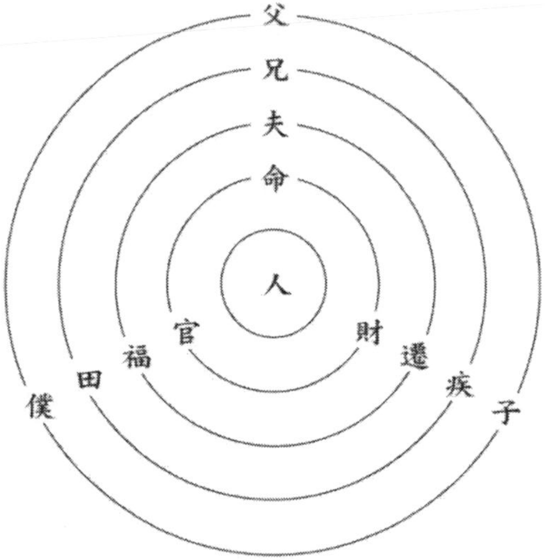

紫微命理把我們周遭所遇的人、所遇到的關係，都可用圖明明白白的標顯出來。讓我們對自己周遭的環境與關係一目瞭然。

我們可以隨時為自己做一張包含鬼殺與權祿科的生命圖，這樣我們就更能把握我們的人生方向，運強時可前進，運弱時可止步。也更能知道我們自己的強項和弱項，好好運用，以達到人生的顛峰目標。

用紫微天道圖做的生命圖

伊隆・馬斯克的生命圖

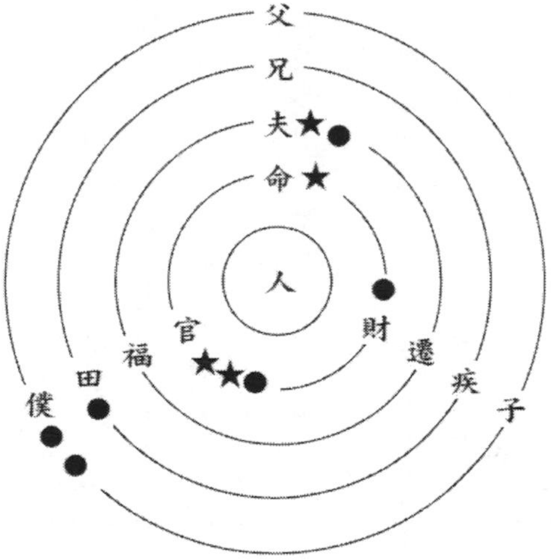

※★是權祿科忌
●是羊陀火鈴、劫空

第二節　陽刃所形成的鬼煞

擎羊又稱『羊刃』，也是『陽刃』。雖然仍然是：

甲刃在卯，乙刃在寅，丙刃在午，丁刃在巳，戊刃在午，己刃在巳，庚刃在酉，辛刃在申(戌)，壬刃在子，癸刃在亥。

『羊刃』，也是『陽刃』是在八字中用的，通常只取『陽刃』，並以陰干無刃。『羊刃』若在月支上，則易父母早逝。及40歲左右有肚子會開刀狀況。嚴重的也會早亡。

擎羊是紫微命理的稱謂。以年干來排擎羊星。十干每年都有，不分陰陽皆凶。

※不論是有陽刃、羊刃、擎羊在命中的人，**對其人有利的是**：性格堅定、剛直，好競爭，要求嚴格，有怪癖，偏食，有些有潔癖，擎羊陷落時，不愛清潔很髒。通常很細心，精於精細的工法，有特殊專業技術。也不怕血腥死亡之事。

對他不利的是：與人難相處、愛妒嫉或報復，身心不得安寧。對人說話帶刺，螯人，多煩憂、睡眠品質不佳。身體有傷，也易有傷災，或有血液問題，常有手術開刀問題，死亡時容易身體受損。

歷史上有名的『陽刃』命格

(一)至聖先師孔子的命格

孔子的八字是：

庚戌
乙酉
日主　庚子
甲申

孔子的日主是『庚子』。『庚子』為倒懸吊在空中的鐘磬。鐘裡面是空的，敲起來聲音才會響亮。適合坐於死絕之地，支上有子未相穿，或有子午相沖的命格，受到衝擊的運程，則會有名聞四海的聲譽。如果火土填實，則會默默無聞。

孔子的命格為日主『庚子』生於酉月，干上有甲乙木出干，支上有申子會水局。干上甲木會生官煞，為『陽刃駕煞格』。用戌中丁火為用神。此命格主其人有耿介忠良之德行。有庚剋甲，財星受損，故不富，以文貴為主。又因子酉相刑，中年出妻。有子戌相刑，晚年喪子。

孔子　命格

<table>
<tr>
<td>官祿宮
太陽化祿
46 - 55 辛巳
<身宮></td>
<td>僕役宮
破軍
56 - 65 壬午</td>
<td>遷移宮
天機 陀羅 地劫
66 - 75 癸未</td>
<td>疾厄宮
紫微 天府 祿存
甲申</td>
</tr>
<tr>
<td>田宅宮
武曲化權
庚辰</td>
<td colspan="2" rowspan="2">陽男
庚戌 乙酉 庚子 甲申
火六局</td>
<td>財帛宮
太陰化忌 擎羊 火星
乙酉</td>
</tr>
<tr>
<td>福德宮
天同化科 右弼 天空
26 - 35 己卯</td>
<td>子女宮
貪狼
丙戌</td>
</tr>
<tr>
<td>父母宮
七殺 文昌
16 - 25 戊寅</td>
<td>命宮
天梁
6 - 15 己丑</td>
<td>兄弟宮
廉貞 天相 文曲
戊子</td>
<td>夫妻宮
巨門 鈴星 左輔
丁亥</td>
</tr>
</table>

孔子的紫微命格是『天梁』坐命丑宮。對宮遷移宮是『天機陷落、陀羅、地劫』。表示他是蔭星坐命的人。家中必定複雜或有難或將遭難，才會生下他來救助家門。他一出生周圍環境就不好。遷移宮的星曜其實也代表他頭上的圩頂，而孔子，名「丘」，即是來源於此。若以現在的說法：『圩頂』是腦門上天靈蓋凹陷，其實非常危險。不小心會傷及腦部。因為父母的婚姻不正，自然他的生長環境就很差了。幸而他的八字中金多，性格剛直，能自己學習成功。他 的身宮落在官祿宮，又是『太陽化祿』居旺。表示他熱愛教育工作，也會因此名聲遠播。但他沒有完整的『陽梁昌祿格』。因為文昌在父母宮，且是陷落的。不在命財官三合宮位上。所以他的運氣總是起起伏伏的。但他仍有強勢的『武貪格』，有武曲化權在田宅宮。

(二)清乾隆皇帝之命格

乾隆皇帝的八字是：

辛卯
丁酉
日主　庚午
丙子

乾隆皇帝的日主是『庚午』。『庚午』為已煉好成物品之金。因剛煉好故急需要水來淬礪剛硬。因此命局四柱干支要有水才好。

在此命格中，日主『庚金』生於酉月。酉為庚刃，丁祿在午，辛祿在酉，煞刃通根並透干，此為『煞刃格』。有丁火出干，支上子午卯酉為四極。又有丙火出干，故為太平天子。以丁火官星為用神。

此命格幸虧是古代皇帝命格。地支雖稱四極，但卯酉相剋，午酉相破，子午相沖。六親不和，又有羊刃，和午酉相破一起，故定有眾多妾室女子被殺。上與父母也不親。雖然自己享盡榮華富貴，但可說無父無母無子之福。

現代最有名的『羊刃』命格就是安倍晉三

(一)安倍晉三的『羊刃』掌權格局

安倍晉三的八字是：

甲午
癸酉
日主 庚辰
甲申

安倍晉三的日主是『庚辰』。『庚辰』為水師將軍。命局中必須要有酉刃，或庚金多的命局，才能有堅強果毅的性格指揮兵將。『庚辰』為水師將軍，不宜在陸地行走，因此走水運吉，走木火運及土運皆不吉。

他的命格是庚金生酉月。酉中藏辛金。月令『酉』又是庚金之羊刃，因此極為剛銳。此時秋季漸深，寒氣漸重，庚金生酉月之人選用神，須以丙、丁為重。

在安倍晉三的命格中，有雙甲偏財星出干，支上辰申會水局。又有癸水出干，命局中水太多，故性格冷酷、凶悍。一點丁火藏於年支『午』中，但年支『午』與月支『酉』形成『午酉相破』。沖去了丁火，雖有甲木生助了官煞，但為『陽刃駕煞格』之破格。幸胎元為辛未（路旁土），以土制水。此命格能出將入相。他曾當過二任首相。因腸炎不滿首相任期。他是日本憲政史上在任時間最長的內閣總理大臣。但他在 2022 年 7 月 8 日被槍擊致死。無善終。

安倍晉三的紫微命格是『紫微、破軍化權、陀羅』。對宮遷移宮是『天相、地劫』。這表示他的環境就是不安穩，無福可享的。所以他會善於戰鬥來開疆闢土，毅力堅定，常有煩腦糾結於心，不能說也不願說出來。常自苦煩惱。他的身宮又落在官祿宮，是『廉貞化祿、貪狼』。這樣的官祿宮原是有特殊興趣，做無名銜的工作，或無任所大使。後期他仍為國事奔忙、為自民黨選舉奔波，也正合了此官祿宮之意義。他的夫妻宮有『左輔、鈴星』，夫官二宮形成『鈴貪格』。這是他能再次回鍋做首相的原因。庚運 67 歲壬寅年金水多，受伏擊而亡，無子。

安倍晉三　命格

<table>
<tr><td>官祿宮
廉貞 貪狼
42 - 51 己巳
<身宮></td><td>僕役宮
巨門
52 - 61 庚午</td><td>遷移宮
天相 地劫
62 - 71 辛未</td><td>疾厄宮
天同 天梁
72 - 81 壬申</td></tr>
<tr><td>田宅宮
太陰
32 - 41 戊辰</td><td colspan="2" rowspan="2">陽男
水二局
甲午 癸酉 庚辰 甲申</td><td>財帛宮
武曲化科 七殺 火星
癸酉</td></tr>
<tr><td>福德宮
天府 擎羊 右弼 天空
22 - 31 丁卯</td><td>子女宮
太陽化忌
甲戌</td></tr>
<tr><td>父母宮
祿存 文昌
12 - 21 丙寅</td><td>命　宮
紫微 破軍化權 陀羅
2 - 11 丁丑</td><td>兄弟宮
天機 文曲
丙子</td><td>夫妻宮
鈴星 左輔
乙亥</td></tr>
</table>

(二)法國總統馬克宏的『羊刃』掌權格局

馬克宏的八字是：

丁巳
壬子
日主　壬子
丙午

法國總統馬克宏的日主是『壬子』。『壬子』為氣勢滂沱的大水。必須要有以煞制刃，用清流砥柱來力挽狂瀾。再加上印綬（庚辛金）、食傷（甲乙木），與官煞（戊己土）相互來制伏它，如此才會有富貴前程。

在馬克宏的命局中，日主『壬子』生子月，壬水的陽刃在子。陽刃是旺逾其度。必須用戊土制水，子月氣候嚴寒，水土皆凍，必須用丙火解凍。此命局中，有丙、丁出干，而獨缺戊土，故是汲汲營營的人。個性不算實在。從小有大志向，要做總統。喜操弄權力，故喜在政治圈中打滾。35歲戊運時開始發跡。因有陽刃，容易心狠手辣奪權，但也要小心不善終，或身體有病，無子。

法國總統　馬克宏 命盤

<table>
<tr>
<td>兄弟宮
天機化科 陀羅 地劫 天空
12 - 21 乙巳</td>
<td>命　宮
紫微 祿存
2 － 11 丙午
<身宮></td>
<td>父母宮
擎羊
丁未</td>
<td>福德宮
破軍
戊申</td>
</tr>
<tr>
<td>夫妻宮
七殺 文昌 鈴星
22 - 31 甲辰</td>
<td colspan="2" rowspan="2">陰男
水二局
日主
丁巳 壬子 壬子 丙午</td>
<td>田宅宮
火星
己酉</td>
</tr>
<tr>
<td>子女宮
太陽 天梁
32 - 41 癸卯</td>
<td>官祿宮
廉貞 天府 文曲
庚戌</td>
</tr>
<tr>
<td>財帛宮
武曲 天相 左輔
42 - 51 壬寅</td>
<td>疾厄宮
天同化權 巨門化忌
52 - 61 癸丑</td>
<td>遷移宮
貪狼 右弼
62 - 71 壬子</td>
<td>僕役宮
太陰化祿
72 - 81 辛亥</td>
</tr>
</table>

馬克宏的紫微命格是『紫微、祿存』坐命午宮。身命同宮，自我意識很強，不聽別人勸告。自以為是，自命不凡，自認高尚。六親不和，娶大25歲的妻子完全是為了政治選舉須要有親信的人。不過他也達到『身有權』的境地了。

(三)中共前國家主席胡錦濤的『羊刃』掌權格局

胡錦濤的八字是：

壬午
壬子
日主　壬子
戊申

胡錦濤的日主是『壬子』。『壬子』為氣勢滂沱的大水。必須要有以煞制刃，用清流砥柱來力挽狂瀾。此命局比較特殊。有三壬出干，支上子申兩會水局。一片汪洋。幸時干上有一戊土在干上獨煞為權，掃蕩群魔，抵制汪洋的壬水。所以他不但有『陽刃在子』。更有戊土獨煞為權。命格中有兩種『權力因素』的身有權。

因此一定會坐上國家主席的位置。也因為命格中有戊土在時干上，所以他有兒子，並且老運好。即使退休了生活仍舒適。這是他的八字好。

胡錦濤的紫微命格是『武曲化忌』坐辰宮，對宮遷移宮是『貪狼、陀羅』。財帛宮是『廉貞、天相、擎羊、文曲、右弼』。官祿宮是『紫微化權、天府』，身宮落於官祿宮。並且在45歲大運丁運時，胡錦濤在49歲，於中共十四屆一中全會上越級當選為中共中央政治局常委（排名第七）、中共中央書記處書記（負責常務工作），進入中國黨和國家最高領導層，成為正的國級領導人。1999年成為江澤民名副其實的副手。2002年11月15日，59歲（戊運）的胡錦濤成為了國家的最高領導人。2008年3月（己運）在第十一屆全國人民代表大會上連任國家主席及中央軍委主席。同年5月胡錦濤出訪日本時表示自己「本人沒有想當主席，是全國人民選了我，讓我當主席」。

你可能會問：他的財帛宮也不好，就是官祿宮有強權。但有權就有錢。他當了好幾任軍委主席，據維基百科記載：他有80萬美元身價。

胡錦濤　命格

<table>
<tr><td>父母宮
太陽
16 - 25　乙巳</td><td>福德宮
破軍
26 - 35　丙午</td><td>田宅宮
天機
地劫
36 - 45　丁未</td><td>官祿宮
紫微化權
天府
46 - 55　戊申
<身></td></tr>
<tr><td>命　宮
武曲化忌
6 - 15　甲辰</td><td colspan="2" rowspan="2">陽男
壬子　壬子　壬子　戊申
火六局</td><td>僕役宮
太陰
火星
56 - 65　己酉</td></tr>
<tr><td>兄弟宮
天同
天空
癸卯</td><td>遷移宮
貪狼
陀羅
66 - 75　庚戌</td></tr>
<tr><td>夫妻宮
七殺
文昌
左輔化科
壬寅</td><td>子女宮
天梁化祿
癸丑</td><td>財帛宮
廉貞
天相
擎羊
文曲
右弼
86　95　壬子</td><td>疾厄宮
巨門
祿存
鈴星
76 - 85　辛亥</td></tr>
</table>

第三節　羊、陀、火、鈴、劫空、化忌所形成的鬼煞

A 擎羊在命宮會不會身有權？

當擎羊在命宮時，會對人有利、有弊。

對人（對他自己）有利之處：會讓人有競爭心、喜歡爭先搶功拿第一。凡事小心、細緻，能做精工細緻的作品。如顯微鏡細小雕刻等。對於自己想得到的東西，窮追不捨，不達目的絕不放棄，做事很堅持堅定。非常有計謀，陰險、心狠手辣，較無道德感。會說一套做一套。說謊也會面不改色。會做與血腥、傷患、車禍、傷災救援工作。

對人（對他自己）有弊之處：善嫉妒、愛比較，心胸狹窄，妒嫉後會陷害別人，或暗自報復。常憂慮、煩惱多，想得多，會說謊，會因圓謊而煩惱。是故常睡眠不好。更會挑食，對人對下屬挑剔，說話帶刺，會酸別人。嫉妒表於言表。擎羊帶有自我刑剋，會有血液問題，或受傷開刀出血。容易有開放性傷口。

(一)明代王陽明的擎羊命格

王陽明的八字是：

壬辰
辛亥
日主　癸亥
癸亥

王陽明原名王守仁。他的日主是『癸亥』。『癸亥』是一種『還原之水』。源自於崑崙(西北方)，水氣通於乾亥，聲勢浩大。水天一色。在此命格中，有壬、辛、癸出干，支上三個亥一個辰，都是水多，為『冬水汪洋』，專用辰中戊土為用神。制水導水入海為堤防。此命格是奔波到老的命格。

王陽明的紫微命格是『擎羊，天空』，對宮遷移宮是『天同、太陰』俱陷落。

此格局並不算是真正的『馬頭帶箭』格。必須是『擎羊在午，同陰在子』才是真正的『馬頭帶箭』格。所以他的環境一直是窮困的。他雖有『武曲化忌』，但在丑未年仍有『火貪格』偏財運。所以偶而發一下。王守仁二十八歲殿試賜二甲第七名進士。做過刑部主事、兵部主事等職。後得罪宦官劉瑾，謫貶至貴州龍場當驛丞。39歲在『龍場悟道』。寫了「教條示龍場諸生」。並有很多弟子跟隨。王陽明不但創立了自己的心學，也多次帶兵平定戰亂。平定江西民變，與寧王宸濠之亂。王守仁在平定兩廣戰役後，肺病加疾，五十六歲病逝於江西南安府舟中。因為他的疾厄宮有武曲化忌，故生肺病。本命又有擎羊，全身潰爛。

王守仁留有三本傳世之作《傳習錄》、《陽明全書》、《大學問》，他主張「心即是理」與「知行合一」之思想。

王守仁　命格

僕役宮 天府 54 - 63　乙巳	遷移宮 天同　太陰 丙午	疾厄宮 武曲化忌　貪狼 丁未	財帛宮 太陽　巨門 戊申
官祿宮 44 - 53　甲辰	陽男 日主 壬辰　辛亥　癸亥　癸亥 金四局		子女宮 天相　鈴星 己酉
田宅宮 廉貞　破軍　文曲 34 - 43　癸卯			夫妻宮 天機　天梁化祿　陀羅　地劫 <身宮>　庚戌
福德宮 24 - 33　壬寅	父母宮 火星　左輔　右弼 14 - 23　癸丑	命　宮 擎羊　天空 4 - 13　壬子	兄弟宮 紫微化權　七殺　文昌　祿存 辛亥

(二)香港商王德輝的擎羊命格

王德輝的八字是：

	甲戌
	癸酉
日主	癸未
	戊午

王德輝的日主是『癸未』。『癸未』是彎曲河流中流過的水。癸坐未庫，流有彎曲。日主癸未的人，有才智，多權謀。最好是有金木在干上，或有木局，容易貴顯。最怕火土多的格局，易遭災或失去好機會。

王德輝的命局中，有甲木及癸水出干，又有『戊癸相合化火』，因年支與時支『午戌會火局』，因此化合成功。而且他是兩個『戊癸相合化火』。火是癸水的財星，由此可見他的財富格局之大了。他把家族生意轉型為一家以房地產為主的公司。1960年接掌華懋集團並一直執掌董事局主席一職。1990年4月10日被綁架後下落不明。1999年，香港高等法院宣佈他在法律上已經死亡。有400億港幣遺產，由其妻龔心如繼承。

港商 王德輝 命格

福德宮 武曲化科 破軍化權 地劫 天空 36 - 35 己巳	田宅宮 太陽化忌 36 - 45 庚午	官祿宮 天府 火星 46 - 55 辛未	僕役宮 天機 太陰 56 - 65 壬申
父母宮 天同 文昌 16 - 25 戊辰	日主 戊午 癸未 癸酉 甲戌	陽男 火六局	遷移宮 紫微 貪狼 鈴星 66 - 75 癸酉
命宮 擎羊 右弼 6 - 15 <身宮> 丁卯			疾厄宮 巨門 文曲 甲戌
兄弟宮 祿存 丙寅	夫妻宮 廉貞化祿 七殺 陀羅 丁丑	子女宮 天梁 丙子	財帛宮 天相 左輔 乙亥

在此命局中，不僅是天干的『戊癸相合』雖有財但相剋本命。就連地支的問題也很大。首先年月支的『戌酉』代表西方屬金。日時支的『未午』代表南方屬火，有火剋金之難。其次有『午酉相破』，所以無子。還有『未戌填實』。未戌皆為乾土，實對癸水不利。幸胎元為壬子，得以任財。他在49歲戊運時地一次遭綁架。是土蓋住水了。55歲在己運被綁架則性命難保了。這個大運也正好是『未戌填實』的大運，走在日支『未』字上。

港商王德輝的紫微命格是『擎羊、右弼』。表示是有人幫忙凶險，是兩倍凶險。其遷移宮為『紫貪、鈴星』，為『鈴貪格』。他的環境就是一個隨時爆發財富的環境。不論誰介紹他投資什麼，只要他買了，就會賺大筆的錢財。所以他的財富累積很快。自然會讓歹徒眼紅。從紫微命盤上你看得出他很有錢嗎？看不出來！但看得出他根本享受不到，因為福德宮有『武曲化科、破軍化權、地劫、天空』。『武曲化科、破軍化權』代表的是他天生操勞奔波汲汲營營。

『地劫、天空』代表的是最後什麼都沒有，都享受不到。

(三)微軟企業的老闆比爾・蓋茲的擎羊命格

比爾蓋茲的八字是：

乙未
丙戌
日主　壬戌
丙午

比爾・蓋茲的日主是『壬戌』。『壬戌』是『驟雨時晴』。是下一陣狠猛烈的雨之後又放晴了。這是比喻此人的人生形態和性格脾氣。

在比爾・蓋茲的命格中，是壬水生戌月。戌中有戊丁辛，是才官印都有的月分。有雙丙出干，雙丙是壬水的偏財，所以他偏財運很強。地支上又有兩次『午戌會火局』，是很大的財局。日主很弱，幸胎元為丁丑，納音為『澗下水』。故救了此命，使其能任財。但仍缺水嚴重，用壬水做用神。

比爾・蓋茲的紫微命格是『貪狼、擎羊、文昌、鈴星』坐辰宮。而且身，命同宮。對宮遷移宮是『武曲，文曲』。此人脾氣不好，時陰時晴，性情古怪，據說和他初相見的人，他看不上眼的人，是一句話都不會說就走人了。自然怪脾氣還不只這些。擎羊狠凶，又在廟位，和貪狼一起，本來會『刑運』的，但又有鈴星形成鈴貪格，對宮有陷落的文曲稍刑武曲之財，但都無傷大雅。最後還是主富的格局。像命宮的貪狼又和對宮的武曲形成『武貪格』，故是雙爆發格。雖有擎羊稍刑運茲早期的發跡就很爭議。1970 年代末，他以 5 萬美元的價格向西雅圖電腦公司購買他們所開發的作業系統，更名為 PC-DOS，再授權 IBM 使用該作業系統。微軟還與其他電腦生產商談判，將經過更改後的系統安裝到每一台新電腦上。事後被控告。但雙方最終達成庭外和解。這種陰暗的商業手法就是命宮有擎羊的人會做的。但他看見賺錢機會了就會當機立斷的先做再說。

比爾蓋茲　命格

父母宮 天空 地劫 巨門 辛巳	福德宮 天相 廉貞 壬午	田宅宮 天梁化權 癸未	官祿宮 七殺 84 - 93 甲申
命　宮 鈴星 擎羊 文昌 貪狼 4 - 13 丙辰 <身>	丙壬丙乙 午戌戌未	陰男 金四局	僕役宮 天同 74 - 83 辛酉
兄弟宮 火星 祿存 太陰化忌 14- 23 乙卯			遷移宮 文曲 武曲 64 - 73 壬戌
夫妻宮 右弼 陀羅 天府 紫微化科 24 - 33 甲寅	子女宮 天機化祿 34 - 43 乙丑	財帛宮 左輔 破軍 43 - 53 甲子	疾厄宮 太陽 54- 63 癸亥

(四)俄國總統普丁的擎羊命格

普丁的八字是：

	壬辰
	己酉
日主	丙戌
	辛卯

普丁的日主是『丙戌』。『丙戌』是『日入地網』。戌宮是地網宮，也是墓宮。極為困頓無光。在此命局中，是丙火生酉月。猶如日暮黃昏，太陽猶有餘光。日主丙火，有壬己出干，時干上有辛出干，和日干『丙辛相合不化』(化水化不成)，年支與月支辰酉相合為金局(為桃花格局)，代表普丁出生時，父母未婚。在他的命局中，有辛出干，再有金局見比劫(丙丁火)為『正從財格』。可得貴人提拔，有富有貴。

俄總統 普丁　命盤

<table>
<tr>
<td>僕役宮
天同
53 - 62　乙巳</td>
<td>遷移宮
武曲化忌　天府
63 - 72　丙午
<身宮></td>
<td>疾厄宮
太陽　太陰　鈴星
73 - 82　丁未</td>
<td>財帛宮
貪狼　地劫
83 - 92　戊申</td>
</tr>
<tr>
<td>官祿宮
破軍
43 - 52　甲辰</td>
<td colspan="2" rowspan="2">陽男
日主
壬辰　己酉　丙戌　辛卯
木三局</td>
<td>子女宮
天機　巨門
己酉</td>
</tr>
<tr>
<td>田宅宮
右弼
33 - 42　癸卯</td>
<td>夫妻宮
紫微化權　天相　陀羅
庚戌</td>
</tr>
<tr>
<td>福德宮
廉貞　天空
23 - 32　壬寅</td>
<td>父母宮
文昌　文曲
13 - 22　癸丑</td>
<td>命宮
七殺　擎羊
3 - 12　壬子</td>
<td>兄弟宮
天梁化祿　左輔化科　祿存　火星
辛亥</td>
</tr>
</table>

普丁的紫微命格是『七殺、擎羊』坐命子宮。對宮遷移宮是『武曲化忌、天府』。他的身宮也落在遷移宮。所以他每天都要外出。但對錢財很吝嗇，做人也很自私。他喜歡刀劍鐵炮，喜歡戰鬥。也喜歡搞陰險的計謀。其夫妻宮有『紫微化權、天相、陀羅』，內心是高高在上，自以為是，但會做些笨事，由其計算能力不佳，評估狀況常失準。2022 年下令攻打烏克蘭，更是流年出師不利，壬寅年他走『廉貞、天空』的運氣，對宮有『貪狼、地劫』相對照，劫空一對照，就是鏡花水月一場空了。目前俄國受到國際經濟制裁，這幾年會很難過了。『七殺、擎羊』的人，剋別人也剋自己，眼睛、腎臟、肝臟、肺臟都會不好。目前他 70 歲，大運正在『武曲化忌、天府』。肺部的病變與脾胃、大腸都須小心開刀。也許時間也不多了。

紫微 V.S 土象星座 算命更準

(五)中國國務院總理李克強的擎羊命格

李克強　命盤

父母宮 天梁化權 辛巳	福德宮 七殺 文曲 右弼 壬午	田宅宮 癸未	官祿宮 廉貞 文昌 左輔 84 - 93 <身> 甲申
命　宮 紫相化科 天相 擎羊 4 - 13 庚辰	陰男　金四局 乙未 壬午 癸亥 甲寅		僕役宮 天空 74 - 83 乙酉
兄弟宮 天機化祿 巨門 祿存 14 - 23 己卯			遷移宮 破軍 64 - 73 丙戌
夫妻宮 貪狼 陀羅 24 - 33 戊寅	子女宮 太陽 太陰化忌 地劫 34 - 43 己丑	財帛宮 武曲 天府 鈴星 44 - 53 戊子	疾厄宮 天同 火星 54- 63 丁亥

你的『成就』有多高？

李克強的八字是：

乙未
壬午
日主　癸亥
甲寅

李克強的日主是『癸亥』。日主『癸亥』是一種『還元之水』，源自崑崙山流出（西北方），水氣通於乾亥，聲勢浩大，水天一色。命局中有乙木，會有清風徐來，自然品格高貴。像羲皇上人的神仙之輩。本來癸水生午月，氣弱。需要有庚辛金來生身。但四柱無庚辛金，有壬水出干，通根於亥中，有甲乙木出干，品德高貴。支上未亥會木局，寅午會火局是財局。主富貴。因八字中缺金，所以性格溫和，但意志難堅。用胎元酉中辛金為用神。也可用壬水為用神。

李克強的紫微命格是『紫微化科、天相、擎羊』坐辰宮，對宮遷移宮是破軍。其財帛宮是『武府、鈴星』，官祿宮是『廉貞、文昌、左輔』。

他本命有天相、擎羊是『刑印』格局，這也是八字中無金的結果。因此讓人替他捏把冷汗。在這場鬥爭中雖然大家都對他寄以厚望，但結果可能不妙。他會縮回去。由其2022年他走的流年運氣中有『廉貪陀』風流彩杖格，他可能因誹聞被鬥垮。真是非得小心不可了！

(六)小龍女吳卓林的擎羊命格

1999年2月，吳綺莉與當時已經是有婦之夫的成龍傳出緋聞。之後成龍公開承認犯了天下男人都會犯的錯。吳綺莉後誕下女兒吳卓林。被媒體封稱『小龍女』。此場風波亦導致成吳二人名聲受損。

吳卓林的八字是：

己卯
乙亥
日主 乙亥
庚辰

吳綺莉與女兒吳卓林近年常有紛爭，而且被傳媒報道。17歲時吳卓林宣布「出櫃」。2018年流落加拿大街頭。向警察表示自己是成龍的女兒，希望父親能給贍養費幫助她。

小龍女吳卓林的日主是『乙亥』。『乙亥』是寄生他木之植物。死處逢生，而

你的『成就』有多高？

有依附。日主乙亥者，多是移枝接木。此命格者多庶出或晚生之子，骨肉分離刑剋。

此命格為乙木生亥月。亥月壬水司令。冬季之乙木必須有陽和日暖才會榮盛繁茂。丙火在亥為絕地。有己土出干，乙庚相合不化，支上卯亥會木局，木旺。四柱無丙戊二字，一生成敗起伏不定，無法有成就。四柱財少。幼年丙運及25歲戊運會好過一些。其他運程都辛苦。

小龍女的紫微命格是『天相、擎羊、天空』。本命是『刑印格局』。還移宮又是『紫破、火星、左輔、右弼』。表示說她的環境中有雙倍類似黑道的欺凌。火星和破軍同宮，會和黑道有關。有左輔、右弼一起，是全部的好壞問題都加兩倍、三倍。有紫微，她可過看似優渥的日子。但性格懦弱，易受欺凌。她從小就背負著父母親造成的笑話。一生也很難抬頭做人。自然被生成的命格會如此不堪了。45歲庚運時會有劫難，要小心度過。

小龍女 吳卓林 命盤

夫妻宮 廉貞 貪狼化權 陀羅 己巳	兄弟宮 巨門 文昌 祿存 庚午	命宮 天相 擎羊 天空 5 - 14 辛未	父母宮 天同 天梁化科 文曲化忌 15 - 24 壬申
子女宮 太陰 戊辰	陰女 庚辰 乙亥 乙亥 己卯 土五局		福德宮 武曲化祿 七殺 25 - 34 癸酉
財帛宮 天府 地劫 <身> 丁卯			田宅宮 太陽 35 - 44 甲戌
疾厄宮 鈴星 75 - 84 丙寅	遷移宮 紫微 破軍 火星 左輔 右弼 65 - 74 丁丑	僕役宮 天機 55 - 64 丙子	官祿宮 45 - 54 乙亥

B 擎羊在遷移宮會不會『身有權』？

擎羊在遷移宮時，就表示你周遭的大環境就是一個爭鬥激烈、讓你時時刻刻煩惱、並且要處心積慮去擺平的這麼一個環境。因此差不多每天都有事情發生。因此你也練就一身好本領，會處變不驚，水來土掩，兵來將擋，時時刻刻的備戰。也因此你常煩腦多，睡不好，用腦過度。不過你很會處理事情，陰謀及陽謀都有，智慧也會高人一等，應變能力超佳。但你會時時懷疑人，對人不信任。你也會試探人多次才會相信他。你會討厭笨人，或必須一再重複叮囑的人。你的脾氣不好，也容易得罪人。你喜歡獨自思考，也喜歡窩在熟悉的地方想事情。不過真要當機立斷時，你會用鐵血壯士的殺手鐧，立馬割捨掉不利於你的事和人。所以擎羊在遷移宮對政治人物也是會『身有權』的助力。但要小心車禍傷災，及暗殺行為。也要小心死在外面。

(一)台灣前總統李登輝的遷移宮擎羊

李登輝前總統　命盤

兄弟宮 天空 地劫 天相 乙巳	命宮 天梁化祿 2 - 11 <身宮> 丙午	父母宮 火星 七殺 廉貞 12 - 21 丁未	福德宮 22 - 31 戊申
夫妻宮 文昌 巨門 甲辰	陽男 日主 戊午 戊子 癸丑 壬戌 水二局		田宅宮 鈴星 32 - 41 己酉
子女宮 貪狼 紫微化權 92 - 101 癸卯			官祿宮 陀羅 文曲 天同 42 - 51 庚戌
財帛宮 左輔化科 太陰 天機 82 - 91 壬寅	疾厄宮 天府 72 - 81 癸丑	遷移宮 右弼 擎羊 太陽 62 - 71 壬子	僕役宮 破軍 武曲化忌 52 - 61 辛亥

李登輝的八字是：

壬戌
癸丑
日主　戊子
戊午

李登輝的日主是『戊子』。『戊子』為蒙山，易經中說：『山下有泉曰蒙。』以山下有泉水之聲，空靈而響聲清徹之意。此命格中為戊土生丑月，隆冬寒土凍結，有壬癸和一戊出干，戊癸相合化火，年支與時支上有『午戌會火局』，故化火成功。戊土生旺。支上子丑代表北方，壬癸有根。支上也形成南北二方。格局很大。41歲戊運去念博士。55歲己運當選台灣省主席。61歲當選副總統，65歲庚運當選正總統。

李登輝的紫微命格是『天梁化祿』坐命午宮。且身命同宮。自我意識很強。其遷移宮有『太陽居陷、擎羊、右弼』。表示在他的環境中有一種男性的悶悶且保守的肅殺之氣。這也是一種暗地裡競爭與檯面下爭鬥的環境。這也是要小心被暗殺的格局。還好他有老天保佑。他的命格就是蔭星化祿，老天的保佑真多。但遷移宮的『擎羊』也使他多心計，善於謀略，也善於爭鬥。在總統的政治生涯安然度過。

(二)影星李連杰的遷移宮擎羊

李連杰的八字是：

癸卯
丙辰
日主　己亥
甲戌

李連杰的日主是『己亥』。『己亥』是在水澤邊種稼穡的土。此土是淤泥潮濕的土。平常很少見到陽光，為陰濕之土。故喜有陽光照射。命局中丙火多，則易有果實秀麗，人生的成就高。若命局中遇陰雨，再有陰木高張，會影響其人福壽。

在此命格中，是己土生辰月，是土旺秉令的時候，有丙癸甲出干，是『財官印』俱全的人，會有大富貴。但支上『卯亥會木局』，是官局。卯辰代表東方，也是木多。癸水通根到辰中。干上又有甲己相合不化。又有辰戌相沖。用癸水財星做用神。28歲走癸運（財運），38歲走壬運（正財運）大發。但58歲起走庚運不吉，剋到甲木。

李連杰的紫微命格是『武曲、貪狼化忌、火星、左輔、右弼』。其對宮還移宮有『擎羊、天空』。從紫微命格上看有化忌就會不發。但在李連杰的八字中有2個偏財，再加上28歲癸運也是偏財，故會發得很大。所以紫微中的『貪狼化忌』只是古怪而已，在命格中還有左輔、右弼，就使把他這種古怪的爆發運更加倍而已。在他還移宮的『擎羊、天空』有兩種意義。一是有特殊喜好，只愛賺錢，不喜政治爭鬥。這是因為他的八字中少金的緣故。一種是要小心傷災或錢財成空。2022年新聞媒體上傳他骨癌病逝。經本人證實那是假消息。並公佈自己罹患甲狀腺機能亢進症。這才是他真正的病症。他的疾厄宮是文曲陷落，父母宮是『太陽、巨門化權、鈴星』。巨門代表會流動的腺體的病症，有化權就會得病，還有太陽、鈴星都屬火，所以會生甲狀腺機能亢進症。這幾年他的運氣都不好，明年更是『廉貞、破軍化祿』，會有更多的事情和病症要花錢。

李連杰　命盤

<table>
<tr><td>夫妻宮
天府
26 - 35　丁巳</td><td>兄弟宮
天同
太陰化科
16 - 25　戊午</td><td>命　宮
武曲
貪狼化忌
火星
左輔
右弼
6 - 15　己未</td><td>父母宮
太陽
巨門化權
鈴星
庚申</td></tr>
<tr><td>子女宮
36 - 45　丙辰</td><td colspan="2" rowspan="2">陰男
火六局
甲戌　己亥　丙辰　癸卯</td><td>福德宮
天相
地劫
辛酉</td></tr>
<tr><td>財帛宮
廉貞
破軍化祿
46 - 55　乙卯
<身></td><td>田宅宮
天機
天梁
壬戌</td></tr>
<tr><td>疾厄宮
文曲
56 - 65　甲寅</td><td>遷移宮
擎羊
天空
66 - 75　乙丑</td><td>僕役宮
文昌
祿存
76 - 85　甲子</td><td>官祿宮
紫微
七殺
陀羅
癸亥</td></tr>
</table>

第四節　七殺在身宮所形成的凶悍鬼煞

紫微命格中，七殺在身宮是非常強硬的性格。是誰也不允許來改變他的想法和決定的。當然會有這種性格的人，八字中一定有金，最好是庚金，才能超強硬。辛金會弱一些。

七殺在身宮的人，首先愛搶奪及主導殺伐之權。尤其善競爭、好嫉妒。一旦發覺有競爭者，立馬先將其致之死地，以防後患。他們也會有很多計謀與偽裝，外表一付善良仁心的樣子，又都說好聽的話。口口聲聲都是自己人、兄弟之類的親密之情，但覺得你有點礙事、或擋路時，你就會深深的感覺到刀刀入骨的疼痛了。

七殺在身宮的人，也要分命格高的、或命格低的。命格高的會在社會地位上爭長短，會掌權、做大官或領袖。因為殺伐決斷很乾脆，雷厲風行。是很多事情成功的關鍵。但也容易受傷，或遭伏擊、暗殺。或屍首不全。命格低的人，會做盜匪，也能做首領人物。像東北王張作霖一樣。

命書上說：『身宮為擎羊的人，會為奴僕、侍衛，即使升到高職位也會侍候人。身宮為七殺的人，內在性格凶，會大殺四方。如果過於凶殘的人，殺伐太多太大，會有損自己的福德，會有不善終的下場。

(一)美國眾議院議長裴洛西七殺在身宮

裴洛西的八字是：

庚辰
己卯
日主　戊辰
乙卯

裴洛西的日主是『戊辰』。『戊辰』是為蟹泉吐穎之山。細細的水流，從山腰緩緩流出。

裴洛西的命格是戊土生二月，是正官格。日主為戊辰，土自旺。干上有庚、己、乙出干。乙庚隔位不合，還為正直之人。命格地支上2個卯辰代表東方木氣，有乙木出干，為『權官會黨』。以癸水財星為用神。47歲為國會議員，63歲癸運擔任眾議院民主黨領袖，是第一位女性眾議院政黨領袖。2019年戊戌年裴洛西再次當選議長。她的紫微命格是『武曲化權、天府』坐子宮，身宮落遷移宮是七殺。所到地方是大殺四方。所以很愛到處跑。更愛到處募款。這此來台還是為了錢。

媒體曾問裴洛西的女兒，媽媽二度當選眾議院議長時的看法，她這樣回答，「我的母親會把你的頭砍下來，而你甚至不會知道自己正在流血。」由此可見其大膽與凶狠了。

美國眾議員議長 南西•斐洛西 命盤

僕役宮 左輔 火星 天梁 76 - 85 丁巳	遷移宮 七殺 66 - 75 <身宮> 戊午	疾厄宮 陀羅 文曲 文昌 56 - 65 己未	財帛宮 天空 祿存 廉貞 46 - 55 庚申
官祿宮 天相 紫微 86 - 95 丙辰	乙卯 戊辰 己卯 庚辰	陽女 火六局	子女宮 右弼 擎羊 36 - 45 辛酉
田宅宮 巨門 天機 96 105 乙卯			夫妻宮 破軍 26 - 35 壬戌
福德宮 地劫 貪狼 甲寅	父母宮 鈴星 太陰化忌 太陽化祿 乙丑	命宮 天府 武曲化權 6 - 15 甲子	兄弟宮 天同化科 16 - 25 癸亥

(二)中國國家主席習近平七殺在身宮

習近平的八字是：

癸巳
戊午
日主 丁酉
壬寅

習近平的日主是『丁酉』。『丁酉』是有玻璃罩的燈光。夜生者佳。白天生的人也會性格清亮。此命格的人，喜歡命格中有壬水、乙木。怕癸水及甲木。忌四柱有午、卯相刑沖，會有破耗及刑剋。

在此命局中，日主丁火生於午月。午中有丁己祿。丁火月逢建祿，丁火生旺。支上『巳酉會金局』，亦有『午寅會火局』。年干與月干『戊癸相合化火』，火重身旺。命局是火金相剋的格局，癸水又被合去。胎元是己酉，納音大驛土。用土來護火。現年69歲(2022)，大運在辛運（偏財運）上，所以雖然大陸上有嚴重的經濟危機，但他依然能繼任國家主席。

習近平　命格

父母宮 巨門化權 火星 丁巳	福德宮 廉貞 天相 戊午	田宅宮 天梁 己未	官祿宮 七殺 文昌 左輔 85 - 94 <身> 庚申
命　宮 貪狼化忌 5 - 14 丙辰	陰男 土五局 癸巳 戊午 丁酉 壬寅		僕役宮 天同 天空 75 - 84 辛酉
兄弟宮 太陰化科 15- 24 乙卯			遷移宮 武曲 65 - 74 壬戌
夫妻宮 紫微 天府 25 - 34 甲寅	子女宮 天機 擎羊 地劫 35 - 44 乙丑	財帛宮 破軍化祿 45 - 54 甲子	疾厄宮 太陽 陀羅 55- 64 癸亥

習近平的紫微命格是『貪狼化忌』坐辰宮，對宮遷移宮是『武曲』，表示他的外在環境很富裕。遷移宮的『武曲』既是財星，也代表軍事、政治。也就是財和權一把抓的環境。命格是『貪狼化忌』的意思是：其人喜歡貪赧奇怪的東西，不同於常人。他們會脾氣古怪，情緒不穩定，忽喜忽憂。若一下子突然討厭了某人或某團體，必置之死地鬥垮鬥臭。貪狼坐命的人，都有狼的個性。即使自己吃飽了，也不容他人分食，除了他自己認可的家人。

習近平的七殺在身宮，是在官祿宮。更有『文昌居旺、左輔』同宮，所以他的殺氣與鬥爭會略微斯文一點。這也是因為在他的八字中有的是『辛金』，而不是『庚金』的原故。但仍然是此時他正逢『武曲運』，既是財運，又是政治鬥爭的強運。要到75歲才結束，剛好也是他這任任期的結束。

(三)流行天王麥克・傑克森七殺在身命同宮

麥克・傑克森　命盤

田宅宮 太陽 地劫 天空 祿存 32－41 丁巳	官祿宮 破軍 擎羊 42－51 戊午	僕役宮 天機化忌 火星 己未	遷移宮 紫微 天府 庚申
福德宮 武曲 陀羅 文昌 右弼化科 22－31 丙辰	陽男 水二局		疾厄宮 太陰化權 鈴星 73－82 辛酉
父母宮 天同 12－23 乙卯			財帛宮 貪狼化祿 文曲 左輔 83－92 壬戌
命宮 七殺 2－11 甲寅 <身宮>	兄弟宮 天梁 乙丑	夫妻宮 廉貞 天相 甲子	子女宮 巨門 癸亥

麥克・傑克森的八字是：

戊戌
庚申
日主　戊寅
戊午

麥克・傑克森的日主是『戊寅』。『戊寅』為『艮山』，以長生趨艮，氣脈聚會而定。戊在寅中長生。日主『戊寅』的人，喜歡命局中有煞刃、財星、食神。不喜刑沖破害和申自，因寅申相沖。

此命格中，是戊土生申月。另有二土即庚金出干，支上寅午戌會火局。年支與月支『戌申』為西方。形成火剋金的格局。

命局干上土多，月令為庚申，有庚金出干來制木，日主戊土雖生旺。只能算是『食神生財格』，以佩印做用神。用丙火做用神。取為富命。戊運時，土蓋住水而亡。

麥克・傑克森的紫微命格是『七殺』坐命寅宮。身命同宮。在他小的時候，父親對他們兄弟姊妹嚴加訓練歌舞，頻加打罵，讓他不能忍受。因為他的遷移宮為『紫府』。是須要別人好好尊重對待的。因此他和父親的關係很壞。即使成年後單獨撐起自己的歌唱舞蹈表演事業，也不願和父親和好。也因為七殺在身宮的原因，他對自己也很嚴格，每天苦練歌舞，長時間工作，並且拼命做美容手術，改變膚色。努力減重，要求完美。這種種作為都是因為身宮為七殺的因素。

時間決定命運

法雲居士⊙著

在人的一生中，時間是十分重要的關鍵點。好運的時間點發生好的事情。壞的時間點發生凶惡壞運的事情。天生好命的人也是出生在好運的時間點上。每一段運氣及每件事情，都常因『時間』的十字標的，與接合點不同，而有大吉大凶的轉變。

『時間』是一個巨大的轉輪，每一分每一秒都有其玄機存在！法雲居士再次利用紫微命理為你解開每種時間上的玄機之妙，好讓你可掌握人生中每一種好運關鍵時刻，永立於不敗之地！

第九章　大運好壞影響人的成就高低

從一開始研究眾多成功者以來，其實我早就發現一個重要的定律。這個人要想成功，必然是大運得配合得好。否則就會事倍功半，不了了之。很多人在論命時，很急切的說：不行！我現在就要成功！我想時候不到，心急吃不了熱豆腐，尤其是大運管十年運程。沒等到那一刻，是怎麼也沒辦法的。況且，有些人因為排運的關係，陽男陰女順時針方向排運。陰男陽女逆時針方向排運。有些人在人生中一生中都等不到大發、大鳴大放的大運。很是鬱卒。就像是大詩人蘇東坡一樣，一生官場並不如意，數次貶謫。但他有文星。因此造就了他千古的文名。這也形成他的另一種成功與成就。雖然我們後人這麼景仰他的文名，但他心中念念不忘的仍是想在政治上有翻作為。這些詩詞歌賦只是他閒暇遊戲之作，聊表鬱悶舒發清淡之情而已。所以他希望的成功應該是得到朝廷的重用吧！

成就成功大運的幾個條件

成就人生的成功事業或富有條件，完成一般人所謂的成功與成就，其實不外乎是錢跟權。也就是富有和地位及名聲。而要達到這些超出常人標準的成功成就，就必須在命理上、在其人的命格上要有下列的幾項條件。有些是逢一項也可達成某種高等成就。有些則需要兩、三項一起達成某些高度，才能算是具有成功的成就了。現在我們就來看看這些『成功大運』的內容吧！

1.『用神得用』的運程

成就人生的成功的第一個條件，就是要逢到『用神得用』的大運時間。每個人的命格都有一個最好的『喜用神』。這個『喜用神』就是你命格的『藥』。它能補足你命格中欠缺的五行，而達到平衡命格缺點的重要物質。例如說：你是夏天生的人，你的命格中又火多缺水，就須要壬癸水來做用神，以補足命格的缺失。這種命格缺水又須要水的人，在大運逢到壬癸水運時，就稱做『用神得用』。是真正能做一翻大事業，及運氣超好，財運也超好的了。

這種『用神得用』的大運時間最好是30歲及40歲的中年時期逢到。人生的打拼會份外得力。六，七十歲老年時也能多享受豐厚的結果。

如果在幼年逢到這種好運，會幼年時期生活豐裕，得父母師長喜愛，功課會好，也能得獎。但中年、老年會每下愈況了。

如果在老年才逢到此種好運，表示一生辛苦，老年能過上豐裕的日子了。

我們看很多藝人及某些成功人士在三十、四十歲有名的，都是在這種『用神得用』的大運時間中成就好運的。

2.『財運』的運程

不論你是由八字或紫微來看，凡是人走到『財運』的運程，都是非常好運的。在『財運』的運程期間，**有時候你走正財運**，你就會有較多的收入，會存得住錢，會有較多的積蓄。你的工作順利，也會名氣響亮，得人敬重。自然你也是胸懷大肚，對人謙恭有禮，做人面面俱到，而且是宰相肚裡能撐船的，非常大肚量的。這時候你要慎選你的桃花和婚姻對象，不要留下敗筆。還有要趕快計算你的『財運』的運程還有幾年？要好好規劃，不要時間被浪費掉。

有時候你走偏財運，你就會爆發大筆錢財，讓你驚訝！你也會發生奇異的事情，或突然有不認識的貴人對你提攜，讓你事業與地位一飛沖天。走『偏財運』時，你的賭性堅強，自以為比天下人能幹，也沒人勸得了你。邪淫桃花也特多。你有愛佔便宜的毛病。送上門的沒有不要的，所以日後會惹很多麻煩。而且你爆發的錢財很快就如流水一去不回了。最後在悔恨中度過。

3.『官殺運』的運程

『官殺運』的運程是指『正官運』和『七殺運』兩個運程。

『正官運』就是正剋我們日主的運程。有的人八字中正官多，再逢『正官運』，就剋得太凶了，會有害身體及性命。但大多數的人的『正官運』都會忙於事業，辛苦打拼，算是不錯的運程。除非人的命天生太弱，才會有害身體。男性在走『正官運』時，事業順遂。女性在走『正官運』時，容易結婚組織家庭。大部分的人的『正官運』都是好運，除非被沖剋到了，才有不吉。

『七殺運』也是剋我們日主的運程。但它和我們日主是相同的屬性。例如日主庚金的七殺是丙火。丙火和七殺都屬陽干，如此稱之。如果是辛金，其七殺是丁火。兩者都是陰干。這個看前面習近平的七殺在身宮的命格就知道了。

『七殺運』帶有凶勁，也會打拼，是適合做競爭激烈的行業，如政治鬥爭、禿鷹集團、軍事戰爭或情報蒐集等業務是最好的了，較容易登上高位。如果命格低者，又有七殺多，又逢『七殺運』者，恐為盜匪燒殺擄掠，不善終。

4.『庚運』（硬起來）的運程

『庚運』（硬起來）的運程，主要是指八字中有缺金的狀況。這在紫微命盤上會出現『刑印』格局。這種『刑印』格局就是『天相＋擎羊』同宮的狀況。凡是『紫相羊』、『廉相羊』（『刑囚夾印格』）都算。命中有此格局的人會懦弱，易被人欺負。容易沒有擔當，喜歡逃避，欺弱怕強（未必）。所以他們若走到『官殺運』，就容易做事不易成功。如果大運逢**『庚運』（硬起來）的運程，就一定會成功了。例如八字中日主是甲木的人，須『要庚金劈甲引丁』，這是一種主貴的格局。**沒有庚金，一定不貴，也不會有成就。如果逢庚運就會有成就了。你也可再參考前面李克強的命格，他也是缺金，在政治層面恐做不起來。

姓名轉運術

法雲居士⊙著

利用姓名來改運、轉運，古往今來都是常有的事！但真要使『好姓名』達到增強旺運的功能，必須有許多特殊的轉運技術才行。

『姓名轉運術』
是一本教你可以利用特殊命理的方法，
以及中國文字的特殊五行陰陽智慧，
及納音聲轉效果來達成轉運、改運目的。
替改運者，重建一個優質的磁場環境，
而完成今世世界高規格的生活目的，
增進你的財富與事業成就。

天生財富總動員

法雲居士⊙著

每一個人、天生本命中都有很多財富，
但是每個人並不一定知道屬於自己的財富在那裡？
你的財富是藏在智慧裡？藏在工作中？
藏在享受中？
還是藏在父母、小孩或六親的身上？

這本『天生財富總動員』
幫你找出自己天生的財富到底有多少？
也幫你找出自己天生的財富到底儲存在何處？
讓你的天生財富動員起來吧！
再次創造一個美麗的人生。

金星出版
命理生活新智慧・叢書
VENUS PUBLISHING CO.

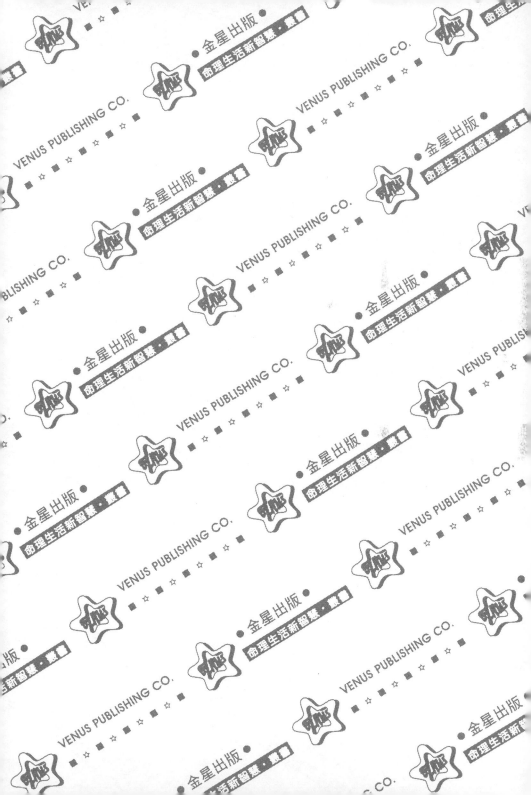

金星出版
命理生活新智慧・叢書
VENUS PUBLISHING CO.